Gerhart Hauptmann

Bahnwärter Thiel

Novellistische Studie

Bearbeitet von Alexander Joist

Literathek

Gerhart Hauptmann **Bahnwärter Thiel. Novellistische Studie**

Redaktion Christine Hehle, Wien

Layout und technische Umsetzung Annika Preyhs für Buchgestaltung +, Berlin

Umschlaggestaltung und -illustration HOX designgroup, Kay Bach, Köln

Umschlaglayout Corinna Babylon, Berlin

Bildquelle Max Liebermann: Gerhart Hauptmann (1912), Hamburger Kunsthalle © Bridgemanimages.com (S. 6)

www.cornelsen.de

Die Webseiten Dritter, deren Internetadressen in diesem Lehrwerk angegeben sind, wurden vor Drucklegung sorgfältig geprüft. Der Verlag übernimmt keine Gewähr für die Aktualität und den Inhalt dieser Seiten oder solcher, die mit ihnen verlinkt sind.

1. Auflage, 1. Druck 2017

Alle Drucke dieser Auflage sind inhaltlich unverändert und können im Unterricht nebeneinander verwendet werden.

© 2017 Cornelsen Verlag GmbH, Berlin

Das Werk und seine Teile sind urheberrechtlich geschützt.
Jede Nutzung in anderen als den gesetzlich zugelassenen Fällen bedarf der vorherigen schriftlichen Einwilligung des Verlages.
Hinweis zu den §§ 46, 52 a UrhG: Weder das Werk noch seine Teile dürfen ohne eine solche Einwilligung eingescannt und in ein Netzwerk eingestellt oder sonst öffentlich zugänglich gemacht werden.
Dies gilt auch für Intranets von Schulen und sonstigen Bildungseinrichtungen.

Druck: AZ Druck und Datentechnik GmbH, Kempten

ISBN 978-3-06-067513-5

PEFC zertifiziert
Dieses Produkt stammt aus nachhaltig bewirtschafteten Wäldern und kontrollierten Quellen.

www.pefc.de

Inhalt

Kurzbiografie — **6**

Bahnwärter Thiel. Novellistische Studie — **13**

Sachinformationen

    Naturalismus — **54**

    Industrialisierung und Urbanisierung — **57**

    Willensfreiheit und Determinismus — **60**

    »Wahnsinn« und Schizophrenie — **61**

Materialien

    Gerhart Hauptmann: *Das Abenteuer meiner Jugend. In Erkner* (1937) — **64**

    Gerhart Hauptmann: *Das Abenteuer meiner Jugend. Rückkehr nach Erkner* (1937) — **66**

    Gerhart Hauptmann: *Im Nachtzug* (1887) — **68**

    Die Gesellschaft: Zur Einführung (1885) — **71**

    Arno Holz/Johannes Schlaf: *Papa Hamlet* (1889) — **75**

    Die neue Zeit: Rezension zu *Bahnwärter Thiel* (1893) — **77**

Kurzbiografie

Gerhart Hauptmann

Gerhart Hauptmann kam am 15. November 1862 im schlesischen Ober Salzbrunn, dem heutigen Szczawno-Zdrój (Polen), als Sohn der Hoteliers Robert und Marie Hauptmann zur Welt. Seit 1874 besuchte er das Realgymnasium im etwa 70 km entfernten Breslau, wo er mit seinem Bruder wohnte und sich nie richtig wohlfühlte. Trotz passabler Noten verließ er 1878 die Schule ohne Abschluss und begann eine Landwirtschaftslehre, die er aufgrund gesundheitlicher Beschwerden jedoch nicht zu Ende führen konnte. Unstete Jahre folgten, Hauptmann versuchte sich in vielen Bereichen und Studiengängen. Er studierte etwa Bildhauerei in Breslau, Philosophie und Literatur in Jena, Kunst in Dresden und Geschichte in Berlin. Hauptmann konnte sich dies nur leisten, weil er von seiner Verlobten, der wohlhabenden Kaufmannstochter Marie Thienemann, unterstützt wurde. Auch seine beiden Brüder hatten Thienemann-Töchter geheiratet, von denen sie finanziell unterstützt wurden.

Gerhart Hauptmann und Marie Thienemann heirateten 1885, zogen in eine Villa in Erkner, etwa 35 km von Berlin entfernt, und bekamen in den nächsten vier Jahren drei Söhne. In Erkner liegt der eigentliche Beginn von Hauptmanns Schriftstellerexistenz: Hauptmann schloss sich im Oktober 1886 der Berliner Literaturvereinigung »Durch!« an und begann in diesem Kreis naturalistischer Schriftsteller sein literarisches Selbstverständnis zu entwickeln. In diese Zeit fällt seine intensive Auseinandersetzung mit dem sozialkritischen Schriftsteller Georg Büchner (1813–1837), über den er in der Vereinigung »Durch!« einen Vortrag hielt. Die Titelfigur von Hauptmanns erster literarischer Veröffentlichung *Bahnwärter Thiel* (1887) weist deutliche Parallelen zu Woyzeck auf, dem Protagonisten in Büchners gleichnamigem Drama. Auch Hauptmanns Dramen sind sowohl hinsichtlich ihrer sozialkritischen Themen als auch ihrer deterministischen Weltanschauung von Büchners Texten beeinflusst. Die Publikation der Novelle *Bahnwärter Thiel* in einer der wichtigsten Zeitschriften für moderne Literatur, *Die Gesellschaft*, verschaffte Hauptmann im Jahr 1888 erste Anerkennung in literarischen Kreisen. Die Aufführung seines ersten skandalumwitterten Dramas *Vor Sonnenaufgang* (1889) im Berliner Theaterverein *Freie Bühne*, dessen Vorsitzender Otto Brahm später als Regisseur einen maßgeblichen Anteil an Hauptmanns Bühnenerfolgen hatte, machte ihn rasch einer breiten Öffentlichkeit bekannt. Das Stück spielt in einem schlesischen Kohlerevier, wo der Protagonist die Lebensbedingungen der Menschen untersuchen will und dabei auf seinen ehemals idealistischen, nun zu Reichtum gekommenen und zum Alkoholiker gewordenen Jugendfreund trifft. Für Empörung sorgte vor allem die ungeschminkte Darstellung von Alkoholismus, Sexualität und Gewalt. Die Aufführung des Stückes war nur im Rahmen der *Freien Bühne* möglich: Die Vorstellungen fanden in geschlossener Gesellschaft ausschließlich für Vereinsmitglieder auf einer gemieteten Bühne statt, wodurch die Zensur umgangen werden konnte. An einem öffentlichen Theater hätte das Stück nicht ohne einschneidende Veränderungen aufgeführt werden können.

Den Höhepunkt von Hauptmanns damaligem Schaffen und zugleich seiner Auseinandersetzung mit der preußischen Zensur bildete das Drama *Die Weber*, das das menschenunwürdige Dasein der in extremer Armut lebenden schlesischen Weber in den 1840er Jahren am Beispiel verschiedener Figuren thematisiert und Parallelen zur Ausbeutung der Arbeiter durch Fabrikanten in den 1890er Jahren erkennen lässt. Die geplante

Aufführung von zwei verschiedenen Fassungen des Stückes am Deutschen Theater in Berlin wurde 1892 und 1893 verboten; als das Preußische Oberverwaltungsgericht im Oktober 1893 die Aufführung endlich gestattete, kündigte Kaiser Wilhelm II. seine Loge im Deutschen Theater. Schließlich wurden *Die Weber* mit Hilfe des erwähnten Vereinskonstrukts aufgeführt und erlebten in der Inszenierung von Otto Brahm am Deutschen Theater einen enormen Erfolg. Fast sofort wurde das Stück auch außerhalb Deutschlands gezeigt, so in Paris, London und New York.

Seine Bühnenerfolge ermöglichten Hauptmann seit den 1890er Jahren ein großbürgerliches Leben an verschiedenen Wohnorten, in Berlin, auf der Ostseeinsel Hiddensee und vor allem in seiner Villa Wiesenstein im schlesischen Agnetendorf. Zahlreiche Ehrungen wurden ihm zuteil, als höchste der Literaturnobelpreis 1912. In der Zeit seiner großen Erfolge um 1900, die ihn finanziell unabhängig machten, trennte er sich von seiner Frau Marie. Schon seit 1893 war er liiert mit Margarete Marschalk, mit der er 1900 einen gemeinsamen Sohn bekam und die er 1904 heiratete.

Hauptmann ist zwar heute hauptsächlich für seine sozialkritischen Stücke bekannt – neben den genannten sind dies vor allem *Der Biberpelz* (1893) und *Die Ratten* (1911) –, er wandte sich jedoch nach den ersten Erfolgen im Stil des Naturalismus einer anderen Stilrichtung zu, der sein damals erfolgreichstes Stück *Die versunkene Glocke* (1896) angehört: der Neuromantik, die sich mit Märchen-, Legenden- und Mythenstoffen befasst und einen Gegenpol zum Naturalismus darstellt. Hauptmanns neuromantische Dramen, die keine offene Kritik an den sozialen Verhältnissen übten und zahlreiche Anleihen bei Volksmärchen und literarischen Klassikern wie Shakespeare, Schiller und Goethe machten, entsprachen anders als seine naturalistischen Dramen dem Geschmack des gehobenen Bürgertums, sodass Hauptmann, der seine größten Erfolge noch zur Zeit des Wilhelminischen Kaiserreichs gefeiert hatte, zum repräsentativen Schriftsteller der Weimarer

Republik wurde. Den Gipfel seiner Popularität erreichte er 1932 mit den großen, auch international begangenen Feierlichkeiten zu seinem 70. Geburtstag.

Gegenüber der nationalsozialistischen Diktatur seit 1933 verhielt er sich ambivalent: Im Gegensatz zu vielen anderen prominenten Schriftstellern wie Thomas und Heinrich Mann oder Bertolt Brecht entschied er sich, in Deutschland zu bleiben und sich mit den Nationalsozialisten zu arrangieren. Zwar wurde er nicht Parteimitglied der NSDAP, aber bereits am 16. März 1933, also etwa sechs Wochen nach Hitlers Ernennung zum Reichskanzler, trat er der Deutschen Akademie der Dichtung bei und verpflichtete sich damit zu Loyalität gegenüber dem Regime. In diese Zeit fallen auch seine intensive Auseinandersetzung mit Hitlers Programmschrift *Mein Kampf* und die erfolgreiche Münchener Erstaufführung von *Die goldene Harfe* »auf besondere Verfügung des Reichskanzlers Adolf Hitler« (Sprengel 2012, S. 670). Auch wenn Hauptmann manches am Vorgehen der Nationalsozialisten, etwa die Nürnberger Rassengesetze von 1935, ablehnte, zeigte er sich doch fasziniert von der Person Adolf Hitlers. Mit Ausnahme der *Weber* konnten alle seine Dramen während des Dritten Reiches weiter gespielt werden. Die Nationalsozialisten wollten wegen Hauptmanns Popularität nicht auf ihn verzichten und instrumentalisierten seine Werke, indem etwa bisher kaum gespielte, aber politisch opportune Stücke wie *Griselda* »zu einer Lieblingsnummer des NS-Theaters [wurden], weil man darin einen Hauch von Blut und Boden verspürte« (Sprengel 2012, S. 689). Zu Hauptmanns 75. und 80. Geburtstag fanden Jubiläumsaufführungen in Berlin und Wien statt und noch 1942 wurde eine siebzehnbändige Gesamtausgabe seiner Werke veröffentlicht. Von den Großveranstaltungen zu seinen Ehren abgesehen lebte Hauptmann während dieser Zeit zurückgezogen in Agnetendorf, wo ihn nach dem Ende des Krieges der Schriftsteller und spätere DDR-Kultusminister Johannes R. Becher aufsuchte, um ihn für die Kulturpolitik des sowjetisch besetzten Ostdeutschland, der nachmaligen DDR, zu gewinnen und ihm ein Haus in Dresden und Publikationsmöglichkeiten anzubieten. Hauptmann scheint nicht abgeneigt gewesen zu sein, starb jedoch am 6. Juni 1946. Eine große, im Rundfunk übertragene Trauerfeier fand in Stralsund auf Initiative der SED (Sozialistische Einheitspartei Deutschlands) statt. Beigesetzt wurde Hauptmann auf dem Friedhof in Kloster auf Hiddensee, einem seiner ehemaligen Domizile.

Literatur

Scheuer, Helmut: Art. Gerhart Hauptmann. In: Metzler Lexikon Autoren. Hg. von Bernd Lutz und Benedikt Jeßing. 4. Aufl. Stuttgart, Weimar: J. B. Metzler 2010, S. 318–320

Sprengel, Peter: Gerhart Hauptmann. Bürgerlichkeit und großer Traum. Eine Biographie. München: C. H. Beck 2012

Sprengel, Peter: Gerhart Hauptmann. Epoche – Werk – Wirkung. München: C. H. Beck 1984

Gerhart Hauptmann

Bahnwärter Thiel

Novellistische Studie

1.

Allsonntäglich saß der Bahnwärter Thiel in der Kirche zu Neu-Zittau, ausgenommen die Tage, an denen er Dienst hatte oder krank war und zu Bett lag. Im Verlaufe von zehn Jahren war er zweimal krank gewesen; das eine Mal infolge eines vom Tender einer Maschine während des Vorbeifahrens herabgefallenen Stückes Kohle, welches ihn getroffen und mit zerschmettertem Bein in den Bahngraben geschleudert hatte; das andere Mal einer Weinflasche wegen, die aus dem vorüberrasenden Schnellzuge mitten auf seine Brust geflogen war. Außer diesen beiden Unglücksfällen hatte nichts vermocht, ihn, sobald er frei war, von der Kirche fernzuhalten.

Die ersten fünf Jahre hatte er den Weg von Schön-Schornstein, einer Kolonie an der Spree, herüber nach Neu-Zittau allein machen müssen. Eines schönen Tages war er dann in Begleitung eines schmächtigen und kränklich aussehenden Frauenzimmers erschienen, die, wie die Leute meinten, zu seiner herkulischen Gestalt wenig gepasst hatte. Und wiederum eines schönen Sonntagnachmittags reichte er dieser selben Person am Altare der Kirche feierlich die Hand zum Bunde fürs Leben. Zwei Jahre nun saß das junge, zarte Weib ihm zur Seite in der Kirchenbank; zwei Jahr blickte ihr hohlwangiges, feines Gesicht neben seinem vom Wetter gebräunten in das uralte Gesangbuch –; und plötzlich saß der Bahnwärter wieder allein wie zuvor.

An einem der vorangegangenen Wochentage hatte die Sterbeglocke geläutet: Das war das Ganze.

An dem Wärter hatte man, wie die Leute versicherten, kaum eine Veränderung wahrgenommen. Die Knöpfe seiner sauberen Sonntagsuniform waren so blank geputzt wie je zuvor, seine roten Haare so wohlgeölt und militärisch gescheitelt wie immer, nur dass er den breiten, behaarten Nacken ein wenig gesenkt trug und noch eifriger der Predigt lauschte oder sang, als er es früher getan hatte. Es war

---

Bahnwärter: einfacher Eisenbahnbeamter, der eine Schranke bedienen und einen Streckenabschnitt betreuen muss

Tender: Behälter für Kohle und Wasser bei Dampflokomotiven

herkulisch: Adjektiv zu Herkules, einem Halbgott der antiken Mythologie, der über gewaltige Körperkraft verfügt die allgemeine Ansicht, dass ihm der Tod seiner Frau nicht sehr nahegegangen sei; und diese Ansicht erhielt eine Bekräftigung, als sich Thiel nach Verlauf eines Jahres zum zweiten Male, und zwar mit einem dicken und starken Frauenzimmer, einer Kuhmagd aus Alt-Grunde, verheiratete.

Auch der Pastor gestattete sich, als Thiel die Trauung anzumelden kam, einige Bedenken zu äußern:

»Ihr wollt also schon wieder heiraten?«

»Mit der Toten kann ich nicht wirtschaften, Herr Prediger!«

»Nun ja wohl – aber ich meine – Ihr eilt ein wenig.«

»Der Junge geht mir drauf, Herr Prediger.«

Thiels Frau war im Wochenbett gestorben, und der Junge, welchen sie zur Welt gebracht, lebte und hatte den Namen Tobias erhalten.

»Ach so, der Junge«, sagte der Geistliche und machte eine Bewegung, die deutlich zeigte, dass er sich des Kleinen erst jetzt erinnere. »Das ist etwas andres – wo habt Ihr ihn denn untergebracht, während Ihr im Dienst seid?«

Thiel erzählte nun, wie er Tobias einer alten Frau übergeben, die ihn einmal beinahe habe verbrennen lassen, während er ein anderes Mal von ihrem Schoß auf die Erde gekugelt sei, ohne glücklicherweise mehr als eine große Beule davonzutragen. Das könne nicht so weitergehen, meinte er, zudem da der Junge, schwächlich wie er sei, eine ganz besondere Pflege benötige. Deswegen und ferner, weil er der Verstorbenen in die Hand gelobt, für die Wohlfahrt des Jungen zu jeder Zeit ausgiebig Sorge zu tragen, habe er sich zu dem Schritte entschlossen. –

Gegen das neue Paar, welches nun allsonntäglich zur Kirche kam, hatten die Leute äußerlich durchaus nichts einzuwenden. Die frühere Kuhmagd schien für den Wärter wie geschaffen. Sie war kaum einen halben Kopf kleiner als er und übertraf ihn an Gliederfülle. Auch war ihr Gesicht ganz so grob geschnitten wie das seine, nur dass ihm im Gegensatz zu dem des Wärters die Seele abging.

Wenn Thiel den Wunsch gehegt hatte, in seiner zweiten Frau eine unverwüstliche Arbeiterin, eine musterhafte Wirtschafterin zu haben, so war dieser Wunsch in überraschender Weise in Erfüllung gegangen. Drei Dinge jedoch hatte er, ohne es zu wissen, mit seiner Frau in Kauf genommen: eine harte, herrschsüchtige Gemütsart, Zanksucht und brutale Leidenschaftlichkeit. Nach Verlauf eines halben Jahres war es ortsbekannt, wer in dem Häuschen des Wärters das Regiment führte. Man bedauerte den Wärter.

Es sei ein Glück für »das Mensch«, dass sie so ein gutes Schaf wie den Thiel zum Manne bekommen habe, äußerten die aufgebrachten Ehemänner; es gäbe welche, bei denen sie gräulich anlaufen würde. So ein »Tier« müsse doch kirre zu machen sein, meinten sie, und wenn es nicht anders ginge denn mit Schlägen. Durchgewalkt müsse sie werden, aber dann gleich so, dass es zöge.

das Mensch: abwertend Frau

kirre: zahm

durchgewalkt: durchgeprügelt

Sie durchzuwalken aber war Thiel trotz seiner sehnigen Arme nicht der Mann. Das, worüber sich die Leute ereiferten, schien ihm wenig Kopfzerbrechen zu machen. Die endlosen Predigten seiner Frau ließ er gewöhnlich wortlos über sich ergehen, und wenn er einmal antwortete, so stand das schleppende Zeitmaß sowie der leise, kühle Ton seiner Rede in seltsamstem Gegensatz zu dem kreischenden Gekeif seiner Frau. Die Außenwelt schien ihm wenig anhaben zu können: Es war, als trüge er etwas in sich, wodurch er alles Böse, was sie ihm antat, reichlich mit Gutem aufgewogen erhielt.

Trotz seines unverwüstlichen Phlegmas hatte er doch Augenblicke, in denen er nicht mit sich spaßen ließ. Es war dies immer anlässlich solcher Dinge, die Tobiäschen betrafen. Sein kindgutes, nachgiebiges Wesen gewann dann einen Anstrich von Festigkeit, dem selbst ein so unzähmbares Gemüt wie das Lenes nicht entgegenzutreten wagte.

Phlegma: Trägheit

1. KAPITEL 17

Die Augenblicke indes, darin er diese Seite seines Wesens herauskehrte, wurden mit der Zeit immer seltener und verloren sich zuletzt ganz. Ein gewisser leidender Widerstand, den er der Herrschsucht Lenes während des ersten Jahres entgegengesetzt, verlor sich ebenfalls im zweiten. Er ging nicht mehr mit der früheren Gleichgültigkeit zum Dienst, nachdem er einen Auftritt mit ihr gehabt, wenn er sie nicht vorher besänftigt hatte. Er ließ sich am Ende nicht selten herab, sie zu bitten, doch wieder gut zu sein. – Nicht wie sonst mehr war ihm sein einsamer Posten inmitten des märkischen Kiefernforstes sein liebster Aufenthalt. Die stillen, hingebenden Gedanken an sein verstorbenes Weib wurden von denen an die Lebende durchkreuzt. Nicht widerwillig, wie die erste Zeit, trat er den Heimweg an, sondern mit leidenschaftlicher Hast, nachdem er vorher oft Stunden und Minuten bis zur Zeit der Ablösung gezählt hatte.

Er, der mit seinem ersten Weibe durch eine mehr vergeistigte Liebe verbunden gewesen war, geriet durch die Macht roher Triebe in die Gewalt seiner zweiten Frau und wurde zuletzt in allem fast unbedingt von ihr abhängig. – Zuzeiten empfand er Gewissensbisse über diesen Umschwung der Dinge und bedurfte einer Anzahl außergewöhnlicher Hilfsmittel, um sich darüber hinwegzuhelfen. So erklärte er sein Wärterhäuschen und die Bahnstrecke, die er zu besorgen hatte, insgeheim gleichsam für geheiligtes Land, welches ausschließlich den Manen der Toten gewidmet sein sollte. Mit Hilfe von allerhand Vorwänden war es ihm in der Tat bisher gelungen, seine Frau davon abzuhalten, ihn dahin zu begleiten.

Er hoffte, es auch fernerhin tun zu können. Sie hätte nicht gewusst, welche Richtung sie einschlagen sollte, um seine »Bude«, deren Nummer sie nicht einmal kannte, aufzufinden.

Manen: antike Myth. vergöttlichte Seelen der Verstorbenen

Dadurch, dass er die ihm zu Gebote stehende Zeit somit gewissenhaft zwischen die Lebende und die Tote zu teilen vermochte, beruhigte Thiel sein Gewissen in der Tat.

Oft freilich und besonders in Augenblicken einsamer Andacht, wenn er recht innig mit der Verstorbenen verbunden gewesen war, sah er seinen jetzigen Zustand im Lichte der Wahrheit und empfand davor Ekel.

Hatte er Tagdienst, so beschränkte sich sein geistiger Verkehr mit der Verstorbenen auf eine Menge lieber Erinnerungen aus der Zeit seines Zusammenlebens mit ihr. Im Dunkel jedoch, wenn der Schneesturm durch die Kiefern und über die Strecke raste, in tiefer Mitternacht beim Scheine seiner Laterne, da wurde das Wärterhäuschen zur Kapelle.

Eine verblichene Fotografie der Verstorbenen vor sich auf dem Tisch, Gesangbuch und Bibel aufgeschlagen, las und sang er abwechselnd die lange Nacht hindurch, nur von den in Zwischenräumen vorbeitobenden Bahnzügen unterbrochen, und geriet hierbei in eine Ekstase, die sich zu Gesichten steigerte, in denen er die Tote leibhaftig vor sich sah.

Gesichte: Visionen

Der Posten, den der Wärter nun schon zehn volle Jahre ununterbrochen innehatte, war aber in seiner Abgelegenheit dazu angetan, seine mystischen Neigungen zu fördern.

Nach allen vier Windrichtungen mindestens durch einen dreiviertelstündigen Weg von jeder menschlichen Behausung entfernt, lag die Bude inmitten des Forstes dicht neben einem Bahnübergang, dessen Barrieren der Wärter zu bedienen hatte.

mystisch: geheimnisvoll; hier religiös gemeint: sich an eine höhere Macht hingebend

Im Sommer vergingen Tage, im Winter Wochen, ohne dass ein menschlicher Fuß, außer denen des Wärters und seines Kollegen, die Strecke passierte. Das Wetter und der Wechsel der Jahreszeiten brachten in ihrer periodischen Wiederkehr fast die einzige Abwechslung in diese Einöde.

Die Ereignisse, welche im Übrigen den regelmäßigen Ablauf der Dienstzeit Thiels außer den beiden Unglücksfällen

1. KAPITEL **19**

unterbrochen hatten, waren unschwer zu überblicken. Vor vier Jahren war der kaiserliche Extrazug, der den Kaiser nach Breslau gebracht hatte, vorübergejagt. In einer Winternacht hatte der Schnellzug einen Rehbock überfahren. An einem heißen Sommertage hatte Thiel bei seiner Streckenrevision eine verkorkte Weinflasche gefunden, die sich glühend heiß anfasste und deren Inhalt deshalb von ihm für sehr gut gehalten wurde, weil er nach Entfernung des Korkes einer Fontäne gleich herausquoll, also augenscheinlich gegoren war. Diese Flasche, von Thiel in den seichten Rand eines Waldsees gelegt, um abzukühlen, war von dort auf irgendwelche Weise abhanden gekommen, sodass er noch nach Jahren ihren Verlust bedauern musste. Einige Zerstreuung vermittelte dem Wärter ein Brunnen dicht hinter seinem Häuschen. Von Zeit zu Zeit nahmen in der Nähe beschäftigte Bahn- oder Telegrafenarbeiter einen Trunk daraus, wobei natürlich ein kurzes Gespräch mit unterlief. Auch der Förster kam zuweilen, um seinen Durst zu löschen.

Tobias entwickelte sich nur langsam: Erst gegen Ablauf seines zweiten Lebensjahres lernte er notdürftig sprechen und gehen. Dem Vater bewies er eine ganz besondere Zuneigung. Wie er verständiger wurde, erwachte auch die alte Liebe des Vaters wieder. In dem Maße, wie diese zunahm, verringerte sich die Liebe der Stiefmutter zu Tobias und schlug sogar in unverkennbare Abneigung um, als Lene nach Verlauf eines neuen Jahres ebenfalls einen Jungen gebar.

Von da ab begann für Tobias eine schlimme Zeit. Er wurde besonders in Abwesenheit des Vaters unaufhörlich geplagt und musste ohne die geringste Belohnung dafür seine schwachen Kräfte im Dienste des kleinen Schreihalses einsetzen, wobei er sich mehr und mehr aufrieb. Sein Kopf bekam einen ungewöhnlichen Umfang; die brandroten Haare und das kreidige Gesicht darunter machten einen unschönen und im Verein mit der übrigen kläglichen Gestalt erbarmungswürdigen Eindruck. Wenn sich der zurückgebliebene Tobias solchergestalt, das kleine, von Gesundheit strotzende Brüderchen auf dem Arme, hinunter zur Spree schleppte, so wurden hinter den Fenstern der Hütten Verwünschungen laut, die sich jedoch niemals hervorwagten. Thiel aber, welchen die Sache doch vor allem anging, schien keine Augen für sie zu haben und wollte auch die Winke nicht verstehen, welche ihm von wohlmeinenden Nachbarsleuten gegeben wurden.

2.

An einem Junimorgen gegen sieben Uhr kam Thiel aus dem Dienst. Seine Frau hatte nicht so bald ihre Begrüßung beendet, als sie schon in gewohnter Weise zu lamentieren begann. Der Pachtacker, welcher bisher den Kartoffelbedarf der Familie gedeckt hatte, war vor Wochen gekündigt worden, ohne dass es Lene bisher gelungen war, einen Ersatz dafür ausfindig zu machen. Wenngleich nun die Sorge um den Acker zu ihren Obliegenheiten gehörte, so musste doch Thiel ein Mal übers andere hören, dass niemand als er daran schuld sei, wenn man in diesem Jahre zehn Sack Kartoffeln für schweres Geld kaufen müsse. Thiel brummte nur und begab sich, Lenes Reden wenig Beachtung schenkend, sogleich an das Bett seines Ältesten, welches er in den Nächten, wo er nicht im Dienst war, mit ihm teilte. Hier ließ er sich nieder und beobachtete mit einem sorglichen Ausdruck seines guten Gesichts das schlafende Kind, welches er, nachdem er die zudringlichen Fliegen eine Weile von ihm abgehalten, schließlich weckte. In den blauen, tief liegenden Augen des Erwachenden malte sich eine rührende Freude. Er griff hastig nach der Hand des Vaters, indes sich seine Mundwinkel zu einem kläglichen Lächeln verzogen. Der Wärter half ihm sogleich beim Anziehen der wenigen Kleidungsstücke, wobei plötzlich etwas wie ein Schatten durch seine Mienen lief, als er bemerkte, dass sich auf der rechten, ein wenig angeschwollenen Backe einige Fingerspuren weiß in rot abzeichneten.

Als Lene beim Frühstück mit vergrößertem Eifer auf vorberegte Wirtschaftsangelegenheit zurückkam, schnitt er ihr das Wort ab mit der Nachricht, dass ihm der Bahnmeister ein Stück Land längs des Bahndammes in unmittelbarer Nähe des Wärterhauses umsonst überlassen habe, angeblich weil es ihm, dem Bahnmeister, zu abgelegen sei.

Lene wollte das anfänglich nicht glauben. Nach und nach wichen jedoch ihre Zweifel und nun geriet sie in merklich

---

lamentieren: laut jammern

Obliegenheiten: Pflichten

vorberegt: schon besprochen

Bahnmeister: Vorgesetzter des Bahnwärters

gute Laune. Ihre Fragen nach Größe und Güte des Ackers sowie andre mehr verschlangen sich förmlich, und als sie erfuhr, dass bei alledem noch zwei Zwergobstbäume darauf stünden, wurde sie rein närrisch. Als nichts mehr zu erfragen übrig blieb, zudem die Türglocke des Krämers, die man, beiläufig gesagt, in jedem einzelnen Hause des Ortes vernehmen konnte, unaufhörlich anschlug, schoss sie davon, um die Neuigkeit im Örtchen auszusprengen.

Krämer: Kleinhändler

Während Lene in die dunkle, mit Waren überfüllte Kammer des Krämers kam, beschäftigte sich der Wärter daheim ausschließlich mit Tobias. Der Junge saß auf seinen Knien und spielte mit einigen Kiefernzapfen, die Thiel mit aus dem Walde gebracht hatte.

»Was willst du werden?«, fragte ihn der Vater und diese Frage war stereotyp wie die Antwort des Jungen: »Ein Bahnmeister.« Es war keine Scherzfrage, denn die Träume des Wärters verstiegen sich in der Tat in solche Höhen und er hegte allen Ernstes den Wunsch und die Hoffnung, dass aus Tobias mit Gottes Hilfe etwas Außergewöhnliches werden sollte. Sobald die Antwort »ein Bahnmeister« von den blutlosen Lippen des Kleinen kam, der natürlich nicht wusste, was sie bedeuten sollte, begann Thiels Gesicht sich aufzuhellen, bis es förmlich strahlte von innerer Glückseligkeit.

stereotyp: immer gleich

»Geh, Tobias, geh spielen!«, sagte er kurz darauf, indem er eine Pfeife Tabak mit einem im Herdfeuer entzündeten Span in Brand steckte, und der Kleine drückte sich alsbald in scheuer Freude zur Türe hinaus. Thiel entkleidete sich, ging zu Bett und entschlief, nachdem er geraume Zeit gedankenvoll die niedrige und rissige Stubendecke angestarrt hatte. Gegen zwölf Uhr mittags erwachte er, kleidete sich an und ging, während seine Frau in ihrer lärmenden Weise das Mittagbrot bereitete, hinaus auf die Straße, wo er Tobiäschen sogleich aufgriff, der mit den Fingern Kalk aus einem Loche in der Wand kratzte und in den Mund steckte. Der Wärter nahm ihn bei der Hand und ging mit ihm an

2. KAPITEL 23

den etwa acht Häuschen des Ortes vorüber bis hinunter zur Spree, die schwarz und glasig zwischen schwach belaubten Pappeln lag. Dicht am Rande des Wassers befand sich ein Granitblock, auf welchen Thiel sich niederließ.
Der ganze Ort hatte sich gewöhnt, ihn bei nur irgend erträglichem Wetter an dieser Stelle zu erblicken. Die Kinder besonders hingen an ihm, nannten ihn »Vater Thiel« und wurden von ihm in mancherlei Spielen unterrichtet, deren er sich aus seiner Jugendzeit erinnerte. Das Beste jedoch von dem Inhalt seiner Erinnerungen war für Tobias. Er schnitzelte ihm Fitschepfeile, die höher flogen wie die aller anderen Jungen. Er schnitt ihm Weidenpfeifchen und ließ sich sogar herbei, mit seinem verrosteten Bass das Beschwörungslied zu singen, während er mit dem Horngriff seines Taschenmessers die Rinde leise klopfte.

Läppschereien: Kindereien

Die Leute verübelten ihm seine Läppschereien; es war ihnen unerfindlich, wie er sich mit den Rotznasen so viel abgeben konnte. Im Grunde durften sie jedoch damit zufrieden sein, denn die Kinder waren unter seiner Obhut gut aufgehoben. Überdies nahm Thiel auch ernste Dinge mit ihnen vor, hörte den Großen ihre Schulaufgaben ab, half ihnen beim Lernen der Bibel- und Gesangbuchverse und buchstabierte mit den Kleinen a – b – ab, d – u – du und so fort.

Nach dem Mittagessen legte sich der Wärter abermals zu kurzer Ruhe nieder. Nachdem sie beendigt war, trank er den Nachmittagskaffee und begann gleich darauf sich für den Gang in den Dienst vorzubereiten. Er brauchte dazu, wie zu allen seinen Verrichtungen, viel Zeit; jeder Handgriff war seit Jahren geregelt; in stets gleicher Reihenfolge wanderten die sorgsam auf der kleinen Nussbaumkommode ausgebreiteten Gegenstände: Messer, Notizbuch, Kamm, ein Pferdezahn, die alte eingekapselte Uhr, in die Taschen seiner Kleider. Ein kleines, in rotes Papier eingeschlagenes Büchelchen wurde mit besonderer Sorgfalt behandelt. Es lag während der Nacht unter dem Kopfkissen des Wärters und wurde am Tage von ihm stets in der Brusttasche des Dienstrockes herumgetragen. Auf der Etikette unter dem Umschlag stand in unbeholfenen, aber verschnörkelten Schriftzügen, von Thiels Hand geschrieben: Sparkassenbuch des Tobias Thiel.

Die Wanduhr mit dem langen Pendel und dem gelbsüchtigen Zifferblatt zeigte dreiviertel fünf, als Thiel fortging. Ein kleiner Kahn, sein Eigentum, brachte ihn über den Fluss. Am jenseitigen Spreeufer blieb er einige Male stehen und lauschte nach dem Ort zurück. Endlich bog er in einen breiten Waldweg und befand sich nach wenigen Minuten inmitten des tief aufrauschenden Kiefernforstes, dessen Nadelmassen einem schwarzgrünen, wellenwerfenden Meere glichen. Unhörbar wie auf Filz schritt er über die feuchte Moos- und Nadelschicht des Waldbodens. Er fand seinen Weg, ohne aufzublicken, hier durch die rostbraunen Säulen des Hochwaldes, dort weiterhin durch dicht verschlungenes Jungholz, noch weiter über ausgedehnte Schonungen, die von einzelnen hohen und schlanken Kiefern überschattet wurden, welche man zum Schutze für den Nachwuchs aufbehalten hatte. Ein bläulicher, durchsichtiger, mit allerhand Düften geschwängerter Dunst stieg aus der Erde auf und ließ die Formen der Bäume verwaschen erscheinen. Ein schwerer, milchiger Himmel hing tief herab über die Baumwipfel. Krähenschwärme badeten gleichsam im Grau der Luft, unaufhörlich ihre knarrenden Rufe ausstoßend. Schwarze Wasserlachen füllten die Vertiefungen des Weges und spiegelten die trübe Natur noch trüber wider.

»Ein furchtbares Wetter«, dachte Thiel, als er aus tiefem Nachdenken erwachte und aufschaute.

Plötzlich jedoch bekamen seine Gedanken eine andere Richtung. Er fühlte dunkel, dass er etwas daheim vergessen haben müsse, und wirklich vermisste er beim Durchsuchen seiner Taschen das Butterbrot, welches er der langen Dienstzeit halber stets mitzunehmen genötigt war. Unschlüssig blieb er eine Weile stehen, wandte sich dann aber plötzlich und eilte in der Richtung des Dorfes zurück.

In kurzer Zeit hatte er die Spree erreicht, setzte mit wenigen kräftigen Ruderschlägen über und stieg gleich darauf, am ganzen Körper schwitzend, die sanft ansteigende Dorfstraße hinauf. Der alte, schäbige Pudel des Krämers lag mitten auf der Straße. Auf dem geteerten Plankenzaune eines Kossätenhofes saß eine Nebelkrähe. Sie spreizte die Federn, schüttelte sich, nickte, stieß ein ohrenzerreißendes »krä krä« aus und erhob sich mit pfeifendem Flügelschlag, um sich vom Winde in der Richtung des Forstes davontreiben zu lassen.

Von den Bewohnern der kleinen Kolonie, etwa zwanzig Fischern und Waldarbeitern mit ihren Familien, war nichts zu sehen.

Der Ton einer kreischenden Stimme unterbrach die Stille so laut und schrill, dass der Wärter unwillkürlich mit Laufen innehielt. Ein Schwall heftig herausgestoßener, misstönender Laute schlug an sein Ohr, die aus dem offenen Giebelfenster eines niedrigen Häuschens zu kommen schienen, welches er nur zu wohl kannte.

Das Geräusch seiner Schritte nach Möglichkeit dämpfend, schlich er sich näher und unterschied nun ganz deutlich die Stimme seiner Frau. Nur noch wenige Bewegungen, und die meisten ihrer Worte wurden ihm verständlich.

»Was, du unbarmherziger, herzloser Schuft! Soll sich das elende Wurm die Plautze ausschreien vor Hunger? – Wie? Na, wart' nur, wart', ich will dich lehren aufpassen! – Du sollst dran denken.« Einige Augenblicke blieb es still; dann hörte man ein Geräusch, wie wenn Kleidungsstücke ausgeklopft würden; unmittelbar darauf entlud sich ein neues Hagelwetter von Schimpfworten.

»Du erbärmlicher Grünschnabel«, scholl es im schnellsten Tempo herunter, »meinst du, ich sollte mein leibliches Kind wegen solch einem Jammerlappen, wie du bist, verhungern lassen?« »Halt's Maul!«, schrie es, als ein leises

Wimmern hörbar wurde, »oder du sollst eine Portion kriegen, an der du acht Tage zu fressen hast.«
Das Wimmern verstummte nicht.
Der Wärter fühlte, wie sein Herz in schweren, unregelmäßigen Schlägen ging. Er begann leise zu zittern. Seine Blicke hingen wie abwesend am Boden fest und die plumpe und harte Hand strich mehrmals ein Büschel nasser Haare zur Seite, das immer von Neuem in die sommersprossige Stirne hineinfiel.
Einen Augenblick drohte es ihn zu überwältigen. Es war ein Krampf, der die Muskeln schwellen machte und die Finger der Hand zur Faust zusammenzog. Er ließ nach und dumpfe Mattigkeit blieb zurück.
Unsicheren Schrittes trat der Wärter in den engen, ziegelgepflasterten Hausflur. Müde und langsam erklomm er die knarrende Holzstiege.
»Pfui, pfui, pfui!«, hob es wieder an; dabei hörte man, wie jemand dreimal hintereinander mit allen Zeichen der Wut und Verachtung ausspie. »Du erbärmlicher, niederträchtiger, hinterlistiger, hämischer, feiger, gemeiner Lümmel!« Die Worte folgten einander in steigender Betonung und die Stimme, welche sie herausstieß, schnappte zuweilen über vor Anstrengung. »Meinen Buben willst du schlagen, was? Du elende Göre unterstehst dich, das arme, hilflose Kind aufs Maul zu schlagen? – Wie? – He, wie? – Ich will mich nur nicht dreckig machen an dir, sonst – ...«

Göre:
Berliner Dialekt
ungezogenes Kind

In diesem Augenblick öffnete Thiel die Tür des Wohnzimmers, weshalb der erschrockenen Frau das Ende des begonnenen Satzes in der Kehle stecken blieb. Sie war kreidebleich vor Zorn; ihre Lippen zuckten bösartig; sie hatte die Rechte erhoben, senkte sie und griff nach dem Milchtopf, aus dem sie ein Kinderfläschchen vollzufüllen versuchte. Sie ließ jedoch diese Arbeit, da der größte Teil der Milch über den Flaschenhals auf den Tisch rann, halb verrichtet, griff vollkommen fassungslos vor Erregung bald nach diesem, bald nach jenem Gegenstand, ohne ihn länger als einige Augenblicke festhalten zu können, und ermannte sich endlich so weit, ihren Mann heftig anzulassen: Was es denn heißen solle, dass er um diese ungewöhnliche Zeit nach Hause käme, er würde sie doch nicht etwa gar belauschen wollen; »das wäre noch das Letzte«, meinte sie, und gleich darauf: Sie habe ein reines Gewissen und brauche vor niemand die Augen niederzuschlagen.

Thiel hörte kaum, was sie sagte. Seine Blicke streiften flüchtig das heulende Tobiäschen. Einen Augenblick schien es, als müsse er gewaltsam etwas Furchtbares zurückhalten, was in ihm aufstieg; dann legte sich über die gespannten Mienen plötzlich das alte Phlegma, von einem verstohl'nen begehrlichen Aufblitzen der Augen seltsam belebt. Sekundenlang spielte sein Blick über den starken Gliedmaßen seines Weibes, das, mit abgewandtem Gesicht herumhantierend, noch immer nach Fassung suchte. Ihre vollen, halbnackten Brüste blähten sich vor Erregung und drohten das Mieder zu sprengen und ihre aufgerafften Röcke ließen die breiten Hüften noch breiter erscheinen. Eine Kraft schien von dem Weibe auszugehen, unbezwingbar, unentrinnbar, der Thiel sich nicht gewachsen fühlte.

Leicht gleich einem feinen Spinngewebe und doch fest wie ein Netz von Eisen legte es sich um ihn, fesselnd, überwindend, erschlaffend. Er hätte in diesem Zustand überhaupt kein Wort an sie zu richten vermocht, am allerwenigsten ein hartes, und so musste Tobias, der in Tränen gebadet und verängstet in einer Ecke hockte, sehen, wie der Vater, ohne sich auch nur weiter nach ihm umzuschauen, das vergess'ne Brot von der Ofenbank nahm, es der Mutter als einzige Erklärung hinhielt und mit einem kurzen, zerstreuten Kopfnicken sogleich wieder verschwand.

3.

Obgleich Thiel den Weg in seine Waldeinsamkeit mit möglichster Eile zurücklegte, kam er doch erst fünfzehn Minuten nach der ordnungsmäßigen Zeit an den Ort seiner Bestimmung.
Der Hilfswärter, ein infolge des bei seinem Dienst unumgänglichen schnellen Temperaturwechsels schwindsüchtig gewordener Mensch, der mit ihm im Dienst abwechselte, stand schon fertig zum Aufbruch auf der kleinen, sandigen Plattform des Häuschens, dessen große Nummer schwarz auf weiß weithin durch die Stämme leuchtete.

schwindsüchtig: an Tuberkulose erkrankt

Die beiden Männer reichten sich die Hände, machten sich einige kurze Mitteilungen und trennten sich. Der eine verschwand im Innern der Bude, der andere ging quer über die Strecke, die Fortsetzung jener Straße benutzend, welche Thiel gekommen war. Man hörte sein krampfhaftes Husten erst näher, dann ferner durch die Stämme und mit ihm verstummte der einzige menschliche Laut in dieser Einöde. Thiel begann wie immer so auch heute damit, das enge, viereckige Steingebauer der Wärterbude auf seine Art für die Nacht herzurichten. Er tat es mechanisch, während sein Geist mit dem Eindruck der letzten Stunden beschäftigt war. Er legte sein Abendbrot auf den schmalen, braun gestrichenen Tisch an einem der beiden schlitzartigen Seitenfenster, von denen aus man die Strecke bequem übersehen konnte. Hierauf entzündete er in dem kleinen, rostigen Öfchen ein Feuer und stellte einen Topf kalten Wassers darauf. Nachdem er schließlich noch in die Gerätschaften, Schaufel, Spaten, Schraubstock usw. einige Ordnung gebracht hatte, begab er sich ans Putzen seiner Laterne, die er zugleich mit frischem Petroleum versorgte.

Steingebauer: Steingebäude

Als dies geschehen war, meldete die Glocke mit drei schrillen Schlägen, die sich wiederholten, dass ein Zug in der Richtung von Breslau her aus der nächstliegenden Station abgelassen sei. Ohne die mindeste Hast zu zeigen, blieb

Thiel noch eine gute Weile im Innern der Bude, trat endlich, Fahne und Patronentasche in der Hand, langsam ins Freie und bewegte sich trägen und schlürfenden Ganges über den schmalen Sandpfad, dem etwa zwanzig Schritt entfernten Bahnübergang zu. Seine Barrieren schloss und öffnete Thiel vor und nach jedem Zuge gewissenhaft, obgleich der Weg nur selten von jemand passiert wurde.

Er hatte seine Arbeit beendet und lehnte jetzt wartend an der schwarz-weißen Sperrstange.
Die Strecke schnitt rechts und links gradlinig in den unabsehbaren grünen Forst hinein; zu ihren beiden Seiten stauten die Nadelmassen gleichsam zurück, zwischen sich eine Gasse frei lassend, die der rötlich braune kiesbestreute Bahndamm ausfüllte. Die schwarzen parallel laufenden Geleise darauf glichen in ihrer Gesamtheit einer ungeheuren eisernen Netzmasche, deren schmale Strähne sich im äußersten Süden und Norden in einem Punkte des Horizontes zusammenzogen.

> Strähne: hier Stränge

Der Wind hatte sich erhoben und trieb leise Wellen den Waldrand hinunter und in die Ferne hinein. Aus den Telegrafenstangen, die die Strecke begleiteten, tönten summende Akkorde. Auf den Drähten, die sich wie das Gewebe einer Riesenspinne von Stange zu Stange fortrankten, klebten in dichten Reihen Scharen zwitschernder Vögel. Ein Specht flog lachend über Thiels Kopf weg, ohne dass er eines Blickes gewürdigt wurde.

> Telegrafenstangen: Stangen der Telegrafenleitungen

Die Sonne, welche soeben unter dem Rande mächtiger Wolken herabhing, um in das schwarzgrüne Wipfelmeer zu versinken, goss Ströme von Purpur über den Forst. Die Säulenarkaden der Kiefernstämme jenseits des Dammes entzündeten sich gleichsam von innen heraus und glühten wie Eisen.

> Säulenarkaden der Kiefernstämme: Säulenbogen aus Kiefern

Auch die Geleise begannen zu glühen, feurigen Schlangen gleich, aber sie erloschen zuerst. Und nun stieg die Glut langsam vom Erdboden in die Höhe, erst die Schäfte der

Kiefern, weiter den größten Teil ihrer Kronen in kaltem Verwesungslichte zurücklassend, zuletzt nur noch den äußersten Rand der Wipfel mit einem rötlichen Schimmer streifend. Lautlos und feierlich vollzog sich das erhabene Schauspiel. Der Wärter stand noch immer regungslos an der Barriere. Endlich trat er einen Schritt vor. Ein dunkler Punkt am Horizonte, da wo die Geleise sich trafen, vergrößerte sich. Von Sekunde zu Sekunde wachsend, schien er doch auf einer Stelle zu stehen. Plötzlich bekam er Bewegung und näherte sich. Durch die Geleise ging ein Vibrieren und Summen, ein rhythmisches Geklirr, ein dumpfes Getöse, das, lauter und lauter werdend, zuletzt den Hufschlägen eines heranbrausenden Reitergeschwaders nicht unähnlich war.

Ein Keuchen und Brausen schwoll stoßweise fernher durch die Luft. Dann plötzlich zerriss die Stille. Ein rasendes Tosen und Toben erfüllte den Raum, die Geleise bogen sich, die Erde zitterte – ein starker Luftdruck – eine Wolke von Staub, Dampf und Qualm, und das schwarze schnaubende Ungetüm war vorüber. So wie sie anwuchsen, starben nach und nach die Geräusche. Der Dunst verzog sich. Zum Punkte eingeschrumpft, schwand der Zug in der Ferne und das alte heil'ge Schweigen schlug über dem Waldwinkel zusammen.

»Minna«, flüsterte der Wärter wie aus einem Traum erwacht und ging nach seiner Bude zurück. Nachdem er sich einen dünnen Kaffee aufgebrüht, ließ er sich nieder und starrte, von Zeit zu Zeit einen Schluck zu sich nehmend, auf ein schmutziges Stück Zeitungspapier, das er irgendwo an der Strecke aufgelesen.

Nach und nach überkam ihn eine seltsame Unruhe. Er schob es auf die Backofenglut, welche das Stübchen erfüllte, und riss Rock und Weste auf um sich zu erleichtern. Wie das nichts half, erhob er sich, nahm einen Spaten aus der Ecke und begab sich auf das geschenkte Äckerchen.

Es war ein schmaler Streifen Sandes, von Unkraut dicht überwuchert. Wie schneeweißer Schaum lag die junge Blütenpracht auf den Zweigen der beiden Zwergobstbäumchen, welche darauf standen.

Thiel wurde ruhig und ein stilles Wohlgefallen beschlich ihn.

Nun also an die Arbeit.

Der Spaten schnitt knirschend in das Erdreich; die nassen Schollen fielen dumpf zurück und bröckelten auseinander. Eine Zeit lang grub er ohne Unterbrechung. Dann hielt er plötzlich inne und sagte laut und vernehmlich vor sich hin, indem er dazu bedenklich den Kopf hin und her wiegte: »Nein, nein, das geht ja nicht«, und wieder: »Nein, nein, das geht ja gar nicht.«

Es war ihm plötzlich eingefallen, dass ja nun Lene des Öftern herauskommen würde, um den Acker zu bestellen, wodurch dann die hergebrachte Lebensweise in bedenkliche Schwankungen geraten musste. Und jäh verwandelte sich seine Freude über den Besitz des Ackers in Widerwillen. Hastig, wie wenn er etwas Unrechtes zu tun im Begriff gestanden hätte, riss er den Spaten aus der Erde und trug ihn nach der Bude zurück. Hier versank er abermals in dumpfe Grübelei. Er wusste kaum, warum, aber die Aussicht, Lene ganze Tage lang bei sich im Dienst zu haben, wurde ihm, sosehr er auch versuchte, sich damit zu versöhnen, immer unerträglicher. Es kam ihm vor, als habe er etwas ihm Wertes zu verteidigen, als versuchte jemand, sein Heiligstes anzutasten, und unwillkürlich spannten sich seine Muskeln in gelindem Krampfe, während ein kurzes, herausforderndes Lachen seinen Lippen entfuhr. Vom Widerhall dieses Lachens erschreckt, blickte er auf und verlor dabei den Faden seiner Betrachtungen. Als er ihn wiedergefunden, wühlte er sich gleichsam in den alten Gegenstand.

Und plötzlich zerriss etwas wie ein dichter schwarzer Vorhang in zwei Stücke und seine umnebelten Augen gewannen einen klaren Ausblick. Es war ihm auf einmal zumute, als erwache er aus einem zweijährigen totenähnlichen Schlaf und betrachte nun mit ungläubigem Kopfschütteln all das Haarsträubende, welches er in diesem Zustand begangen haben sollte. Die Leidensgeschichte seines Ältesten, welche die Eindrücke der letzten Stunden nur noch hatten besiegeln können, trat deutlich vor seine Seele. Mitleid und Reue ergriff ihn sowie auch eine tiefe Scham darüber, dass er diese ganze Zeit in schmachvoller Duldung hingelebt hatte, ohne sich des lieben, hilflosen Geschöpfes anzunehmen, ja ohne auch nur die Kraft zu finden, sich einzugestehen, wie sehr dieses litt.

Über den selbstquälerischen Vorstellungen all seiner Unterlassungssünden überkam ihn eine schwere Müdigkeit und so entschlief er mit gekrümmtem Rücken, die Stirn auf die Hand, diese auf den Tisch gelegt.

Eine Zeit lang hatte er so gelegen, als er mit erstickter Stimme mehrmals den Namen »Minna« rief.

Ein Brausen und Sausen füllte sein Ohr, wie von unermesslichen Wassermassen; es wurde dunkel um ihn, er riss die Augen auf und erwachte. Seine Glieder flogen, der Angstschweiß drang ihm aus allen Poren, sein Puls ging unregelmäßig, sein Gesicht war nass von Tränen.

Es war stockdunkel. Er wollte einen Blick nach der Tür werfen, ohne zu wissen, wohin er sich wenden sollte. Taumelnd erhob er sich, noch immer währte seine Herzensangst. Der Wald draußen rauschte wie Meeresbrandung, der Wind warf Hagel und Regen gegen die Fenster des Häuschens. Thiel tastete ratlos mit den Händen umher. Einen Augenblick kam er sich vor wie ein Ertrinkender – da plötzlich flammte es bläulich blendend auf, wie wenn Tropfen überirdischen Lichtes in die dunkle Erdatmosphäre herabsänken, um sogleich von ihr erstickt zu werden.

Der Augenblick genügte, um den Wärter zu sich selbst zu bringen. Er griff nach seiner Laterne, die er glücklich zu fassen bekam, und in diesem Augenblick erwachte der

Unterlassungssünden: Sünden durch Nicht-Tun des Gebotenen, z. B. unterlassene Hilfeleistung

Donner am fernsten Saume des märkischen Nachthimmels. Erst dumpf und verhalten grollend, wälzte er sich näher in kurzen, brandenden Erzwellen, bis er, zu Riesenstößen anwachsend, sich endlich, die ganze Atmosphäre überflutend, dröhnend, schütternd und brausend entlud.
Die Scheiben klirrten, die Erde erbebte.
Thiel hatte Licht gemacht. Sein erster Blick, nachdem er die Fassung wiedergewonnen, galt der Uhr. Es lagen kaum fünf Minuten zwischen jetzt und der Ankunft des Schnellzuges. Da er glaubte, das Signal überhört zu haben, begab er sich, so schnell als Sturm und Dunkelheit erlaubten, nach der Barriere. Als er noch damit beschäftigt war, diese zu schließen, erklang die Signalglocke. Der Wind zerriss ihre Töne und warf sie nach allen Richtungen auseinander. Die Kiefern bogen sich und rieben unheimlich knarrend und quietschend ihre Zweige aneinander. Einen Augenblick wurde der Mond sichtbar, wie er gleich einer blassgoldenen Schale zwischen den Wolken lag. In seinem Lichte sah man das Wühlen des Windes in den schwarzen Kronen der Kiefern. Die Blattgehänge der Birken am Bahndamm wehten und flatterten wie gespenstige Rossschweife. Darunter lagen die Linien der Geleise, welche, vor Nässe glänzend, das blasse Mondlicht in einzelnen Flecken aufsogen.
Thiel riss die Mütze vom Kopf. Der Regen tat ihm wohl und lief vermischt mit Tränen über sein Gesicht. Es gärte in seinem Hirn; unklare Erinnerungen an das, was er im Traum gesehen, verjagten einander. Es war ihm gewesen, als würde Tobias von jemand misshandelt, und zwar auf eine so entsetzliche Weise, dass ihm noch jetzt bei dem Gedanken daran das Herz stillstand. Einer anderen Erscheinung erinnerte er sich deutlicher. Er hatte seine verstorbene Frau gesehen. Sie war irgendwoher aus der Ferne gekommen, auf einem der Bahngeleise. Sie hatte recht kränklich ausgesehen und statt der Kleider hatte sie Lumpen getragen. Sie war an Thiels Häuschen vorübergekommen, ohne sich dar-

nach umzuschauen, und schließlich – hier wurde die Erinnerung undeutlich – war sie aus irgendwelchem Grunde nur mit großer Mühe vorwärtsgekommen und sogar mehrmals zusammengebrochen.

Thiel dachte weiter nach und nun wusste er, dass sie sich auf der Flucht befunden hatte. Es lag außer allem Zweifel, denn weshalb hätte sie sonst diese Blicke voll Herzensangst nach rückwärts gesandt und sich weitergeschleppt, obgleich ihr die Füße den Dienst versagten. O diese entsetzlichen Blicke!

Aber es war etwas, das sie mit sich trug, in Tücher gewickelt, etwas Schlaffes, Blutiges, Bleiches, und die Art, mit der sie darauf niederblickte, erinnerte ihn an Szenen der Vergangenheit.

Er dachte an eine sterbende Frau, die ihr kaum geborenes Kind, das sie zurücklassen musste, unverwandt anblickte, mit einem Ausdruck, den Thiel ebenso wenig vergessen konnte, wie dass er einen Vater und eine Mutter habe.

Wo war sie hingekommen? Er wusste es nicht. Das aber trat ihm klar vor die Seele: Sie hatte sich von ihm losgesagt, ihn nicht beachtet, sie hatte sich fortgeschleppt immer weiter und weiter durch die stürmische, dunkle Nacht. Er hatte sie gerufen: »Minna, Minna«, und davon war er erwacht.

Zwei rote, runde Lichter durchdrangen wie die Glotzaugen eines riesigen Ungetüms die Dunkelheit. Ein blutiger Schein ging vor ihnen her, der die Regentropfen in seinem Bereich in Blutstropfen verwandelte. Es war, als fiele ein Blutregen vom Himmel.

Thiel fühlte ein Grauen und, je näher der Zug kam, eine umso größere Angst; Traum und Wirklichkeit verschmolzen ihm in eins. Noch immer sah er das wandernde Weib auf den Schienen und seine Hand irrte nach der Patronentasche, als habe er die Absicht, den rasenden Zug zum Stehen zu bringen. Zum Glück war es zu spät, denn schon

Blutregen: rot wirkender Regen, der durch Vermischung von rotem Staub und Wasser entstehen kann flirrte es vor Thiels Augen von Lichtern und der Zug raste vorüber.

Den übrigen Teil der Nacht fand Thiel wenig Ruhe mehr in seinem Dienst. Es drängte ihn, daheim zu sein. Er sehnte sich, Tobiäschen wiederzusehen. Es war ihm zumute, als sei er durch Jahre von ihm getrennt gewesen. Zuletzt war er in steigender Bekümmernis um das Befinden des Jungen mehrmals versucht, den Dienst zu verlassen.

Um die Zeit hinzubringen, beschloss Thiel, sobald es dämmerte, seine Strecke zu revidieren. In der Linken einen Stock, in der Rechten einen langen eisernen Schraubschlüssel, schritt er denn auch alsbald auf dem Rücken einer Bahnschiene in das schmutzig graue Zwielicht hinein.

revidieren: kontrollieren, überprüfen

Hin und wieder zog er mit dem Schraubschlüssel einen Bolzen fest oder schlug an eine der runden Eisenstangen, welche die Geleise untereinander verbanden.

Regen und Wind hatten nachgelassen und zwischen verschlissenen Wolkenschichten wurden hie und da Stücke eines blass blauen Himmels sichtbar.

Das eintönige Klappen der Sohlen auf dem harten Metall, verbunden mit dem schläfrigen Geräusch der tropfenschüttelnden Bäume, beruhigte Thiel nach und nach.

Um sechs Uhr früh wurde er abgelöst und trat ohne Verzug den Heimweg an.

Es war ein herrlicher Sonntagmorgen.

Die Wolken hatten sich zerteilt und waren mittlerweile hinter den Umkreis des Horizontes hinabgesunken. Die Sonne goss, im Aufgehen gleich einem ungeheuren blutroten Edelstein funkelnd, wahre Lichtmassen über den Forst. In scharfen Linien schossen die Strahlenbündel durch das Gewirr der Stämme, hier eine Insel zarter Farrenkräuter, deren Wedel feingeklöppelten Spitzen glichen, mit Glut behauchend, dort die silbergrauen Flechten des Waldgrundes zu roten Korallen umwandelnd.

Von Wipfeln, Stämmen und Gräsern floss der Feuertau. Eine Sintflut von Licht schien über die Erde ausgegossen. Es

36 3. KAPITEL

lag eine Frische in der Luft, die bis ins Herz drang, und auch hinter Thiels Stirn mussten die Bilder der Nacht allmählich verblassen.

Mit dem Augenblick jedoch, wo er in die Stube trat und Tobiäschen rotwangiger als je im sonnenbeschienenen Bette liegen sah, waren sie ganz verschwunden.

Wohl wahr! Im Verlauf des Tages glaubte Lene mehrmals etwas Befremdliches an ihm wahrzunehmen; so im Kirchstuhl, als er, statt ins Buch zu schauen, sie selbst von der Seite betrachtete, und dann auch um die Mittagszeit, als er, ohne ein Wort zu sagen, das Kleine, welches Tobias wie gewöhnlich auf die Straße tragen sollte, aus dessen Arm nahm und ihr auf den Schoß setzte. Sonst aber hatte er nicht das geringste Auffällige an sich.

Thiel, der den Tag über nicht dazu gekommen war, sich niederzulegen, kroch, da er die folgende Woche Tagdienst hatte, bereits gegen neun Uhr abends ins Bett. Gerade als er im Begriff war einzuschlafen, eröffnete ihm die Frau, dass sie am folgenden Morgen mit nach dem Walde gehen werde, um das Land umzugraben und Kartoffeln zu stecken.

Thiel zuckte zusammen; er war ganz wach geworden, hielt jedoch die Augen fest geschlossen.

Es sei die höchste Zeit, meinte Lene, wenn aus den Kartoffeln noch etwas werden sollte, und fügte bei, dass sie die Kinder werde mitnehmen müssen, da vermutlich der ganze Tag draufgehen würde. Der Wärter brummte einige unverständliche Worte, die Lene weiter nicht beachtete. Sie hatte ihm den Rücken gewandt und war beim Scheine eines Talglichtes damit beschäftigt, das Mieder aufzunesteln und die Röcke herabzulassen.

Talglicht: Kerze aus tierischem Fett

Plötzlich fuhr sie herum, ohne selbst zu wissen, aus welchem Grunde, und blickte in das von Leidenschaften verzerrte, erdfarbene Gesicht ihres Mannes, der sie, halb aufgerichtet, die Hände auf der Bettkante, mit brennenden Augen anstarrte.

»Thiel!« – schrie die Frau halb zornig, halb erschreckt, und wie ein Nachtwandler, den man bei Namen ruft, erwachte er aus seiner Betäubung, stotterte einige verwirrte Worte, warf sich in die Kissen zurück und zog das Deckbett über die Ohren.

Lene war die Erste, welche sich am folgenden Morgen vom Bett erhob. Ohne dabei Lärm zu machen, bereitete sie alles Nötige für den Ausflug vor. Der Kleinste wurde in den Kinderwagen gelegt, darauf Tobias geweckt und angezogen. Als er erfuhr, wohin es gehen sollte, musste er lächeln. Nachdem alles bereit war und auch der Kaffee fertig auf dem Tisch stand, erwachte Thiel. Missbehagen war sein erstes Gefühl beim Anblick all der getroffenen Vorbereitungen. Er hätte wohl gern ein Wort dagegen gesagt, aber er wusste nicht, womit beginnen. Und welche für Lene stichhaltigen Gründe hätte er auch angeben sollen?

Allmählich begann dann das mehr und mehr strahlende Gesichtchen seinen Einfluss auf Thiel auszuüben, sodass er schließlich schon um der Freude willen, welche dem Jungen der Ausflug bereitete, nicht daran denken konnte, Widerspruch zu erheben. Nichtsdestoweniger blieb Thiel während der Wanderung durch den Wald nicht frei von Unruhe. Er stieß das Kinderwägelchen mühsam durch den tiefen Sand und hatte allerhand Blumen darauf liegen, die Tobias gesammelt hatte.

Der Junge war ausnehmend lustig. Er hüpfte in seinem braunen Plüschmützchen zwischen den Farrenkräutern umher und suchte auf eine freilich etwas unbeholfene Art die glasflügligen Libellen zu fangen, die darüber hingaukelten. Sobald man angelangt war, nahm Lene den Acker in Augenschein. Sie warf das Säckchen mit Kartoffelstücken, welche sie zur Saat mitgebracht hatte, auf den Grasrand eines kleinen Birkengehölzes, kniete nieder und ließ den etwas dunkel gefärbten Sand durch ihre harten Finger laufen.

Thiel beobachtete sie gespannt: »Nun, wie ist er?«

»Reichlich so gut wie die Spree-Ecke!« Dem Wärter fiel eine Last von der Seele. Er hatte gefürchtet, sie würde unzufrieden sein, und kratzte beruhigt seine Bartstoppeln.

Nachdem die Frau hastig eine dicke Brotkante verzehrt hatte, warf sie Tuch und Jacke fort und begann zu graben, mit der Geschwindigkeit und Ausdauer einer Maschine.

In bestimmten Zwischenräumen richtete sie sich auf und holte in tiefen Zügen Luft, aber es war jeweilig nur ein Augenblick, wenn nicht etwa das Kleine gestillt werden musste, was mit keuchender, schweißtropfender Brust hastig geschah.

»Ich muss die Strecke belaufen, ich werde Tobias mitnehmen«, rief der Wärter nach einer Weile von der Plattform vor der Bude aus zu ihr herüber.

»Ach was – Unsinn!«, schrie sie zurück, »wer soll bei dem Kleinen bleiben? – Hierher kommst du!«, setzte sie noch lauter hinzu, während der Wärter, als ob er sie nicht hören könnte, mit Tobiäschen davonging.

Im ersten Augenblick erwog sie, ob sie nicht nachlaufen solle, und nur der Zeitverlust bestimmte sie, davon abzustehen. Thiel ging mit Tobias die Strecke entlang. Der Kleine war nicht wenig erregt; alles war ihm neu, fremd. Er begriff nicht, was die schmalen, schwarzen, vom Sonnenlicht erwärmten Schienen zu bedeuten hatten. Unaufhörlich tat er allerhand sonderbare Fragen. Vor allem verwunderlich war ihm das Klingen der Telegrafenstangen. Thiel kannte den Ton jeder einzelnen seines Reviers, sodass er mit geschlossenen Augen stets gewusst haben würde, in welchem Teil der Strecke er sich gerade befand.

Oft blieb er, Tobiäschen an der Hand, stehen, um den wunderbaren Lauten zu lauschen, die aus dem Holze wie sonore Choräle aus dem Innern einer Kirche hervorströmten. Die Stange am Südende des Reviers hatte einen besonders vollen und schönen Akkord. Es war ein Gewühl von Tönen in ihrem Innern, die ohne Unterbrechung gleichsam in einem Atem fortklangen, und Tobias lief rings um das ver-

sonor: klangvoll

3. KAPITEL **39**

witterte Holz, um, wie er glaubte, durch eine Öffnung die Urheber des lieblichen Getöns zu entdecken. Der Wärter wurde weihevoll gestimmt, ähnlich wie in der Kirche. Zudem unterschied er mit der Zeit eine Stimme, die ihn an seine verstorbene Frau erinnerte. Er stellte sich vor, es sei ein Chor seliger Geister, in den sie ja auch ihre Stimme mische, und diese Vorstellung erweckte in ihm eine Sehnsucht, eine Rührung bis zu Tränen.

Tobias verlangte nach den Blumen, die seitab standen, und Thiel, wie immer, gab ihm nach.

Stücke blauen Himmels schienen auf den Boden des Haines herabgesunken, so wunderbar dicht standen kleine blaue Blüten darauf. Farbigen Wimpeln gleich flatterten und gaukelten die Schmetterlinge lautlos zwischen dem leuchtenden Weiß der Stämme, indes durch die zartgrünen Blätterwolken der Birkenkronen ein sanftes Rieseln ging.

Tobias rupfte Blumen und der Vater schaute ihm sinnend zu. Zuweilen erhob sich auch der Blick des Letzteren und suchte durch die Lücken der Blätter den Himmel, der wie eine riesige, makellos blaue Kristallschale das Goldlicht der Sonne auffing.

»Vater, ist das der liebe Gott?«, fragte der Kleine plötzlich, auf ein braunes Eichhörnchen deutend, das unter kratzenden Geräuschen am Stamme einer allein stehenden Kiefer hinanhuschte.

»Närrischer Kerl«, war alles, was Thiel erwidern konnte, während losgerissene Borkenstückchen den Stamm herunter vor seine Füße fielen.

Die Mutter grub noch immer, als Thiel und Tobias zurückkamen. Die Hälfte des Ackers war bereits umgeworfen.

Die Bahnzüge folgten einander in kurzen Zwischenräumen und Tobias sah sie jedes Mal mit offenem Munde vorübertoben.

Die Mutter selbst hatte ihren Spaß an seinen drolligen Grimassen.

Das Mittagessen, bestehend aus Kartoffeln und einem Restchen kalten Schweinebraten, verzehrte man in der Bude. Lene war aufgeräumt und auch Thiel schien sich in das Unvermeidliche mit gutem Anstand fügen zu wollen. Er unterhielt seine Frau während des Essens mit allerlei Dingen, die in seinen Beruf schlugen. So fragte er sie, ob sie sich denken könne, dass in einer einzigen Bahnschiene sechsundvierzig Schrauben säßen, und anderes mehr.

Am Vormittage war Lene mit Umgraben fertig geworden; am Nachmittag sollten die Kartoffeln gesteckt werden. Sie bestand darauf, dass Tobias jetzt das Kleine warte, und nahm ihn mit sich.

»Pass auf ...«, rief Thiel ihr nach, von plötzlicher Besorgnis ergriffen, »pass auf, dass er den Geleisen nicht zu nahe kommt.«

Ein Achselzucken Lenes war die Antwort.

Der schlesische Schnellzug war gemeldet und Thiel musste auf seinen Posten. Kaum stand er dienstfertig an der Barriere, so hörte er ihn auch schon heranbrausen.

Der Zug wurde sichtbar – er kam näher – in unzählbaren, sich überhastenden Stößen fauchte der Dampf aus dem schwarzen Maschinenschlote. Da: ein – zwei – drei milchweiße Dampfstrahlen quollen kerzengerade empor und gleich darauf brachte die Luft den Pfiff der Maschine getragen. Dreimal hintereinander, kurz, grell, beängstigend. Sie bremsen, dachte Thiel, warum nur? Und wieder gellten die Notpfiffe schreiend, den Widerhall weckend, diesmal in langer, ununterbrochener Reihe.

Thiel trat vor, um die Strecke überschauen zu können. Mechanisch zog er die rote Fahne aus dem Futteral und hielt sie gerade vor sich hin über die Geleise. – Jesus Christus – war er blind gewesen? »Jesus Christus – o Jesus, Jesus, Jesus Christus! Was war das? Dort! – Dort zwischen den Schienen ... Ha-alt!«, schrie der Wärter aus Leibeskräften.

Zu spät. Eine dunkle Masse war unter den Zug geraten und

---

schlesisch: aus Schlesien (damals zu Preußen gehörig, heute größtenteils Polen)

3. KAPITEL **41**

wurde zwischen den Rädern wie ein Gummiball hin und her geworfen. Noch einige Augenblicke, und man hörte das Knarren und Quietschen der Bremsen. Der Zug stand.
Die einsame Strecke belebte sich. Zugführer und Schaffner rannten über den Kies nach dem Ende des Zuges. Aus jedem Fenster blickten neugierige Gesichter, und jetzt – die Menge knäulte sich und kam nach vorn.
Thiel keuchte; er musste sich festhalten, um nicht umzusinken wie ein gefällter Stier. Wahrhaftig, man winkt ihm –
»nein!«
Ein Aufschrei zerreißt die Luft von der Unglücksstelle her, ein Geheul folgt, wie aus der Kehle eines Tieres kommend. Wer war das?! Lene?! Es war nicht ihre Stimme, und doch ...
Ein Mann kommt in Eile die Strecke herauf.
»Wärter!«
»Was gibt's?«
»Ein Unglück!« ... Der Bote schrickt zurück, denn des Wärters Augen spielen seltsam. Die Mütze sitzt schief, die roten Haare scheinen sich aufzubäumen.
»Er lebt noch, vielleicht ist noch Hilfe.«
Ein Röcheln ist die einzige Antwort.
»Kommen Sie schnell, schnell!«
Thiel reißt sich auf mit gewaltiger Anstrengung. Seine schlaffen Muskeln spannen sich; er richtet sich hoch auf, sein Gesicht ist blöd und tot.
Er rennt mit dem Boten, er sieht nicht die todbleichen, erschreckten Gesichter der Reisenden in den Zugfenstern. Eine junge Frau schaut heraus, ein Handlungsreisender im Fez, ein junges Paar, anscheinend auf der Hochzeitsreise. Was geht's ihn an? Er hat sich nie um den Inhalt dieser Polterkasten gekümmert; – sein Ohr füllt das Geheul Lenes. Vor seinen Augen schwimmt es durcheinander, gelbe Punkte, Glühwürmchen gleich, unzählig. Er schrickt zurück – er steht. Aus dem Tanze der Glühwürmchen tritt es hervor, blass, schlaff, blutrünstig. Eine Stirn, braun und

Fez: türkische Kopfbedeckung

42 3. KAPITEL

blau geschlagen, blaue Lippen, über die schwarzes Blut tröpfelt. Er ist es.

Thiel spricht nicht. Sein Gesicht nimmt eine schmutzige Blässe an. Er lächelt wie abwesend; endlich beugt er sich; er fühlt die schlaffen, toten Gliedmaßen schwer in seinen Armen; die rote Fahne wickelt sich darum.

Er geht.

Wohin?

»Zum Bahnarzt, zum Bahnarzt«, tönt es durcheinander.

»Wir nehmen ihn gleich mit«, ruft der Packmeister und macht in seinem Wagen aus Dienströcken und Büchern ein Lager zurecht. »Nun also?«

Packmeister: Bahnbeamter, der für den Gepäckwagen zuständig ist

Thiel macht keine Anstalten, den Verunglückten loszulassen. Man drängt in ihn. Vergebens. Der Packmeister lässt eine Bahre aus dem Packwagen reichen und beordert einen Mann, dem Vater beizustehen.

Die Zeit ist kostbar. Die Pfeife des Zugführers trillert. Münzen regnen aus den Fenstern.

Lene gebärdet sich wie wahnsinnig. »Das arme, arme Weib«, heißt es in den Coupés, »die arme, arme Mutter.«

Coupé: frz. Zugabteil

Der Zugführer trillert abermals – ein Pfiff – die Maschine stößt weiße, zischende Dämpfe aus ihren Zylindern und streckt ihre eisernen Sehnen; einige Sekunden, und der Kurierzug braust mit wehender Rauchfahne in doppelter Geschwindigkeit durch den Forst.

Der Wärter, anderen Sinnes geworden, legt den halbtoten Jungen auf die Bahre. Da liegt er da in seiner verkommenen Körpergestalt und hin und wieder hebt ein langer, rasselnder Atemzug die knöcherne Brust, welche unter dem zerfetzten Hemd sichtbar wird. Die Ärmchen und Beinchen, nicht nur in den Gelenken gebrochen, nehmen die unnatürlichsten Stellungen ein. Die Ferse des kleinen Fußes ist nach vorn gedreht. Die Arme schlottern über den Rand der Bahre.

Lene wimmert in einem fort; jede Spur ihres einstigen Trotzes ist aus ihrem Wesen gewichen. Sie wiederholt fort-

3. KAPITEL 43

während eine Geschichte, die sie von jeder Schuld an dem Vorfall reinwaschen soll.

Thiel scheint sie nicht zu beachten; mit entsetzlich bangem Ausdruck haften seine Augen an dem Kinde.

Es ist still ringsum geworden, totenstill; schwarz und heiß ruhen die Geleise auf dem blendenden Kies. Der Mittag hat die Winde erstickt und regungslos, wie aus Stein, steht der Forst.

Die Männer beraten sich leise. Man muss, um auf dem schnellsten Wege nach Friedrichshagen zu kommen, nach der Station zurück, die nach der Richtung Breslau liegt, da der nächste Zug, ein beschleunigter Personenzug, auf der Friedrichshagen näher gelegenen nicht anhält.

Thiel scheint zu überlegen, ob er mitgehen solle. Augenblicklich ist niemand da, der den Dienst versteht. Eine stumme Handbewegung bedeutet seiner Frau, die Bahre aufzunehmen; sie wagt nicht, sich zu widersetzen, obgleich sie um den zurückbleibenden Säugling besorgt ist. Sie und der fremde Mann tragen die Bahre. Thiel begleitet den Zug bis an die Grenze seines Reviers, dann bleibt er stehen und schaut ihm lange nach. Plötzlich schlägt er sich mit der flachen Hand vor die Stirn, dass es weithin schallt. Er meint sich zu erwecken, »denn es wird ein Traum sein, wie der gestern«, sagt er sich. – Vergebens. – Mehr taumelnd als laufend erreichte er sein Häuschen. Drinnen fiel er auf die Erde, das Gesicht voran. Seine Mütze rollte in die Ecke, seine peinlich gepflegte Uhr fiel aus seiner Tasche, die Kapsel sprang, das Glas zerbrach. Es war, als hielte ihn eine eiserne Faust im Nacken gepackt, so fest, dass er sich nicht bewegen konnte, sosehr er auch unter Ächzen und Stöhnen sich frei zu machen suchte. Seine Stirn war kalt, seine Augen trocken, sein Schlund brannte.

Die Signalglocke weckte ihn. Unter dem Eindruck jener sich wiederholenden drei Glockenschläge ließ der Anfall nach. Thiel konnte sich erheben und seinen Dienst tun. Zwar waren seine Füße bleischwer, zwar kreiste um ihn die

Strecke wie die Speiche eines ungeheuren Rades, dessen Achse sein Kopf war; aber er gewann doch wenigstens so viel Kraft, sich für einige Zeit aufrecht zu erhalten.

Der Personenzug kam heran. Tobias musste darin sein. Je näher er rückte, umso mehr verschwammen die Bilder vor Thiels Augen. Am Ende sah er nur noch den zerschlagenen Jungen mit dem blutigen Munde. Dann wurde es Nacht.

Nach einer Weile erwachte er aus einer Ohnmacht. Er fand sich dicht an der Barriere im heißen Sande liegen. Er stand auf, schüttelte die Sandkörner aus seinen Kleidern und spie sie aus seinem Munde. Sein Kopf wurde ein wenig freier, er vermochte ruhiger zu denken.

In der Bude nahm er sogleich seine Uhr vom Boden auf und legte sie auf den Tisch. Sie war trotz des Falles nicht stehen geblieben. Er zählte während zweier Stunden die Sekunden und Minuten, indem er sich vorstellte, was indes mit Tobias geschehen mochte. Jetzt kam Lene mit ihm an; jetzt stand sie vor dem Arzte. Dieser betrachtete und betastete den Jungen und schüttelte den Kopf.

»Schlimm, sehr schlimm – aber vielleicht ... wer weiß?« Er untersuchte genauer. »Nein«, sagte er dann, »nein, es ist vorbei.«

»Vorbei, vorbei«, stöhnte der Wärter, dann aber richtete er sich hoch auf und schrie, die rollenden Augen an die Decke geheftet, die erhobenen Hände unbewusst zur Faust ballend und mit einer Stimme, als müsse der enge Raum davon zerbersten: »Er muss, muss leben, ich sage dir, er muss, muss leben.« Und schon stieß er die Tür des Häuschens von Neuem auf, durch die das rote Feuer des Abends hereinbrach, und rannte mehr, als er ging, nach der Barriere zurück. Hier blieb er eine Weile wie betroffen stehen und schritt dann plötzlich, beide Arme ausbreitend, bis in die Mitte des Dammes, als wenn er etwas aufhalten wollte, das aus der Richtung des Personenzuges kam. Dabei machten seine weit offenen Augen den Eindruck der Blindheit.

Während er, rückwärts schreitend, vor etwas zu weichen schien, stieß er in einem fort halbverständliche Worte zwischen den Zähnen hervor: »Du – hörst du – bleib' doch – du – hör' doch – bleib' – gib ihn wieder – er ist braun und blau geschlagen – ja, ja – gut – ich will sie wieder braun und blau schlagen – hörst du? Bleib' doch – gib ihn mir wieder.«

Es schien, als ob etwas an ihm vorüberwandle, denn er wandte sich und bewegte sich, wie um es zu verfolgen, nach der anderen Richtung.

»Du, Minna« – seine Stimme wurde weinerlich, wie die eines kleinen Kindes. »Du, Minna, hörst du? – Gib ihn wieder – ich will ...« Er tastete in die Luft, wie um jemand festzuhalten. »Weibchen – ja – und da will ich sie ... und da will ich sie auch schlagen – braun und blau – auch schlagen – und da will ich mit dem Beil – siehst du? – Küchenbeil – mit dem Küchenbeil will ich sie schlagen, und da wird sie verrecken.

Und da ... ja mit dem Beil – Küchenbeil, ja – schwarzes Blut!« Schaum stand vor seinem Munde, seine gläsernen Pupillen bewegten sich unaufhörlich.

Ein sanfter Abendhauch strich leis und nachhaltig über den Forst und rosaflammiges Wolkengelock hing über dem westlichen Himmel.

Etwa hundert Schritt hatte er so das unsichtbare Etwas verfolgt, als er anscheinend mutlos stehen blieb, und mit entsetzlicher Angst in den Mienen streckte der Mann seine Arme aus, flehend, beschwörend. Er strengte seine Augen an und beschattete sie mit der Hand, wie um noch einmal in weiter Ferne das Wesenlose zu entdecken. Schließlich sank die Hand und der gespannte Ausdruck seines Gesichts verkehrte sich in stumpfe Ausdruckslosigkeit; er wandte sich und schleppte sich den Weg zurück, den er gekommen.

Die Sonne goss ihre letzte Glut über den Forst, dann erlosch sie. Die Stämme der Kiefern streckten sich wie bleiches, verwestes Gebein zwischen die Wipfel hinein, die wie grauschwarze Moderschichten auf ihnen lasteten. Das Hämmern eines Spechtes durchdrang die Stille. Durch den kalten, stahlblauen Himmelsraum ging ein einziges, verspätetes Rosengewölk. Der Windhauch wurde kellerkalt, sodass es den Wärter fröstelte. Alles war ihm neu, alles fremd. Er wusste nicht, was das war, worauf er ging, oder das, was ihn umgab. Da huschte ein Eichhorn über die Strecke und Thiel besann sich. Er musste an den lieben Gott denken, ohne zu wissen, warum. »Der liebe Gott springt über den Weg, der liebe Gott springt über den Weg.« Er wiederholte diesen Satz mehrmals, gleichsam um auf etwas zu kommen, das damit zusammenhing. Er unterbrach sich, ein Lichtschein fiel in sein Hirn, »aber mein Gott, das ist ja Wahnsinn.« Er vergaß alles und wandte sich gegen diesen neuen Feind. Er suchte Ordnung in seine Gedanken zu bringen, vergebens! Es war ein haltloses Streifen und Schweifen. Er ertappte sich auf den unsinnigsten Vorstellungen und schauderte zusammen im Bewusstsein seiner Machtlosigkeit.

Aus dem nahen Birkenwäldchen kam Kindergeschrei. Es war das Signal zur Raserei. Fast gegen seinen Willen musste er darauf zueilen und fand das Kleine, um welches sich niemand mehr gekümmert hatte, weinend und strampelnd ohne Bettchen im Wagen liegen. Was wollte er tun? Was trieb ihn hierher? Ein wirbelnder Strom von Gefühlen und Gedanken verschlang diese Fragen.

»Der liebe Gott springt über den Weg«, jetzt wusste er, was das bedeuten wollte. »Tobias« – sie hatte ihn gemordet – Lene – ihr war er anvertraut – »Stiefmutter, Rabenmutter«, knirschte er, »und ihr Balg lebt.« Ein roter Nebel umwölkte seine Sinne, zwei Kinderaugen durchdrangen ihn; er fühlte etwas Weiches, Fleischiges zwischen seinen Fingern. Gurgelnde und pfeifende Laute, untermischt mit heiseren Ausrufen, von denen er nicht wusste, wer sie ausstieß, trafen sein Ohr.

Da fiel etwas in sein Hirn wie Tropfen heißen Siegellacks und es hob sich wie eine Starre von seinem Geist. Zum Bewusstsein kommend, hörte er den Nachhall der Meldeglocke durch die Luft zittern.

Mit eins begriff er, was er hatte tun wollen: Seine Hand löste sich von der Kehle des Kindes, welches sich unter seinem Griffe wand. – Es rang nach Luft, dann begann es zu husten und zu schreien.

»Es lebt! Gott sei Dank, es lebt!« Er ließ es liegen und eilte nach dem Übergange. Dunkler Qualm wälzte sich fernher über die Strecke und der Wind drückte ihn zu Boden. Hinter sich vernahm er das Keuchen einer Maschine, welches wie das stoßweise gequälte Atmen eines kranken Riesen klang.

Ein kaltes Zwielicht lag über der Gegend.

Nach einer Weile, als die Rauchwolken auseinandergingen, erkannte Thiel den Kieszug, der mit geleerten Loren zurückging und die Arbeiter mit sich führte, welche tagsüber auf der Strecke gearbeitet hatten.

Der Zug hatte eine reich bemessene Fahrzeit und durfte überall anhalten, um die hie und da noch beschäftigten Arbeiter aufzunehmen, andere hingegen abzusetzen. Ein gutes Stück vor Thiels Bude begann man zu bremsen. Ein lautes Quietschen, Schnarren, Rasseln und Klirren durchdrang weithin die Abendstille, bis der Zug unter einem einzigen, schrillen, lang gedehnten Ton stillstand.

Etwa fünfzig Arbeiter und Arbeiterinnen waren in den Loren verteilt. Fast alle standen aufrecht, einige unter den Männern mit entblößtem Kopfe. In ihrer aller Wesen lag eine rätselhafte Feierlichkeit. Als sie des Wärters ansichtig wurden, erhob sich ein Flüstern unter ihnen. Die Alten zogen die Tabakspfeifen zwischen den gelben Zähnen hervor und hielten sie respektvoll in den Händen. Hie und da wandte sich ein Frauenzimmer, um sich zu schnäuzen. Der Zugführer stieg auf die Strecke herunter und trat auf Thiel zu. Die Arbeiter sahen, wie er ihm feierlich die Hand schüttelte, worauf Thiel mit langsamem, fast militärisch steifem Schritt auf den letzten Wagen zuschritt.

Keiner der Arbeiter wagte ihn anzureden, obgleich sie ihn alle kannten.

Aus dem letzten Wagen hob man soeben das kleine Tobiäschen.

Es war tot.

Lene folgte ihm; ihr Gesicht war bläulich-weiß, braune Kreise lagen um ihre Augen.

Thiel würdigte sie keines Blickes; sie aber erschrak beim Anblick ihres Mannes. Seine Wangen waren hohl, Wimpern und Barthaare verklebt, der Scheitel, so schien es ihr, ergrauter als bisher. Die Spuren vertrockneter Tränen überall auf dem Gesicht; dazu ein unstetes Licht in seinen Augen, davor sie ein Grauen ankam.

Auch die Tragbahre hatte man wieder mitgebracht, um die Leiche transportieren zu können.

Eine Weile herrschte unheimliche Stille. Eine tiefe, entsetzliche Versonnenheit hatte sich Thiels bemächtigt. Es wurde dunkler. Ein Rudel Rehe setzte seitab auf den Bahndamm. Der Bock blieb stehen mitten zwischen den Geleisen. Er wandte seinen gelenken Hals neugierig herum, da pfiff die Maschine, und blitzartig verschwand er samt seiner Herde. In dem Augenblick, als der Zug sich in Bewegung setzen wollte, brach Thiel zusammen.

Der Zug hielt abermals und es entspann sich eine Beratung über das, was nun zu tun sei. Man entschied sich dafür, die Leiche des Kindes einstweilen im Wärterhaus unterzubringen und statt ihrer den durch kein Mittel wieder ins Bewusstsein zu rufenden Wärter mittels der Bahre nach Hause zu bringen.

Und so geschah es. Zwei Männer trugen die Bahre mit dem Bewusstlosen, gefolgt von Lene, die, fortwährend schluchzend, mit tränenüberströmtem Gesicht den Kinderwagen mit dem Kleinsten durch den Sand stieß.

3. KAPITEL **49**

Wie eine riesige purpurglühende Kugel lag der Mond zwischen den Kieferschäften am Waldesgrund. Je höher er rückte, umso kleiner schien er zu werden, umso mehr verblasste er. Endlich hing er, einer Ampel vergleichbar, über dem Forst, durch alle Spalten und Lücken der Kronen einen matten Lichtdunst drängend, welcher die Gesichter der Dahinschreitenden leichenhaft anmalte.

Rüstig, aber vorsichtig schritt man vorwärts, jetzt durch eng gedrängtes Jungholz, dann wieder an weiten, hochwaldumstandenen Schonungen entlang, darin sich das bleiche Licht wie in großen dunklen Becken angesammelt hatte.

Der Bewusstlose röchelte von Zeit zu Zeit oder begann zu fantasieren. Mehrmals ballte er die Fäuste und versuchte mit geschlossenen Augen, sich emporzurichten.

Es kostete Mühe, ihn über die Spree zu bringen; man musste ein zweites Mal übersetzen, um die Frau und das Kind nachzuholen.

Als man die kleine Anhöhe des Ortes emporstieg, begegnete man einigen Einwohnern, welche die Botschaft des geschehenen Unglücks sofort verbreiteten.

Die ganze Kolonie kam auf die Beine.

Angesichts ihrer Bekannten brach Lene in erneutes Klagen aus.

Man beförderte den Kranken mühsam die schmale Stiege hinauf in seine Wohnung und brachte ihn sogleich zu Bett. Die Arbeiter kehrten sogleich um, um Tobiäschens Leiche nachzuholen.

Alte, erfahrene Leute hatten kalte Umschläge angeraten und Lene befolgte ihre Weisung mit Eifer und Umsicht. Sie legte Handtücher in eiskaltes Brunnenwasser und erneuerte sie, sobald die brennende Stirn des Bewusstlosen sie durchhitzt hatte. Ängstlich beobachtete sie die Atemzüge des Kranken, welche ihr mit jeder Minute regelmäßiger zu werden schienen.

Die Aufregungen des Tages hatten sie doch stark mitgenommen und sie beschloss, ein wenig zu schlafen, fand jedoch keine Ruhe. Gleichviel ob sie die Augen öffnete oder schloss, unaufhörlich zogen die Ereignisse der Vergangenheit daran vorüber. Das Kleine schlief. Sie hatte sich entgegen ihrer sonstigen Gewohnheit wenig darum bekümmert. Sie war überhaupt eine andere geworden. Nirgend eine Spur des früheren Trotzes. Ja, dieser kranke Mann mit dem farblosen, schweißglänzenden Gesicht regierte sie im Schlaf.

Eine Wolke verdeckte die Mondkugel, es wurde finster im Zimmer und Lene hörte nur noch das schwere, aber gleichmäßige Atemholen ihres Mannes. Sie überlegte, ob sie Licht machen sollte. Es wurde ihr unheimlich im Dunkeln. Als sie aufstehen wollte, lag es ihr bleiern in allen Gliedern, die Lider fielen ihr zu, sie entschlief.

Nach Verlauf von einigen Stunden, als die Männer mit der Kindesleiche zurückkehrten, fanden sie die Haustüre weit offen. Verwundert über diesen Umstand stiegen sie die Treppe hinauf, in die obere Wohnung, deren Tür ebenfalls weit geöffnet war.

Man rief mehrmals den Namen der Frau, ohne eine Antwort zu erhalten. Endlich strich man ein Schwefelholz an der Wand und der aufzuckende Lichtschein enthüllte eine grauenvolle Verwüstung.

»Mord, Mord!«

Lene lag in ihrem Blut, das Gesicht unkenntlich, mit zerschlagener Hirnschale.

»Er hat seine Frau ermordet, er hat seine Frau ermordet!« Kopflos lief man umher. Die Nachbarn kamen, einer stieß an die Wiege. »Heiliger Himmel!«, und er fuhr zurück, bleich, mit entsetzensstarrem Blick. Da lag das Kind mit durchschnittenem Halse.

Der Wärter war verschwunden; die Nachforschungen, welche man noch in derselben Nacht anstellte, blieben erfolglos. Den Morgen darauf fand ihn der Dienst tuende Wärter zwischen den Bahngeleisen und an der Stelle sitzend, wo Tobiäschen überfahren worden war.

Er hielt das braune Pudelmützchen im Arm und liebkoste es ununterbrochen wie etwas, das Leben hat.

Der Wärter richtete einige Fragen an ihn, bekam jedoch keine Antwort und bemerkte bald, dass er es mit einem Irrsinnigen zu tun habe.

Der Wärter am Block, davon in Kenntnis gesetzt, erbat telegrafisch Hilfe.

Nun versuchten mehrere Männer, ihn durch gutes Zureden von den Geleisen fortzulocken; jedoch vergebens.

Der Schnellzug, der um diese Zeit passierte, musste anhalten und erst der Übermacht seines Personals gelang es, den Kranken, der alsbald furchtbar zu toben begann, mit Gewalt von der Strecke zu entfernen.

Man musste ihm Hände und Füße binden und der inzwischen requirierte Gendarm überwachte seinen Transport nach dem Berliner Untersuchungsgefängnisse, von wo aus er jedoch schon am ersten Tage nach der Irrenabteilung der Charité überführt wurde. Noch bei der Einlieferung hielt er das braune Mützchen in Händen und bewachte es mit eifersüchtiger Sorgfalt und Zärtlichkeit.

Block: Blockstation: längere Strecken zwischen zwei Bahnhöfen wurden durch Blockstationen unterteilt, an denen etwa die Weichen gestellt wurden

requirieren: herbeirufen

Charité: größtes Krankenhaus in Berlin

Sachinformationen

Naturalismus
Die literarische Epoche des Naturalismus im letzten Drittel des 19. Jahrhunderts war ein internationales Phänomen. Wesentliche Impulse für die deutschsprachigen Naturalisten kamen aus anderen europäischen Ländern. Die wichtigsten, auch heute noch gespielten und gelesenen Werke dieser Epoche stammen von den russischen Autoren Fjodor Dostojewksi (1821–1881) und Leo Tolstoi (1828–1910), dem französischen Romancier Émile Zola (1840–1902), dem norwegischen Dramatiker Hendrik Ibsen (1828–1906) und dem schwedischen Schriftsteller August Strindberg (1849–1912). In Deutschland gilt Gerhart Hauptmann heute als Hauptvertreter des Naturalismus, vor allem mit seinen nach wie vor gespielten Dramen *Die Weber* (1892), *Der Biberpelz* (1893) und *Die Ratten* (1911).
Die künstlerische Bewegung des Naturalismus verlief parallel zu anderen Strömungen der Literatur und Kunst. So erreichte der Realismus, der als Vorläufer des Naturalismus betrachtet werden kann, mit Theodor Fontanes (1819–1898) berühmten gesellschaftskritischen Romanen *Effi Briest* (1895) und *Der Stechlin* (1898) seinen Höhepunkt in Deutschland, zur gleichen Zeit, als Hauptmann seine bedeutendsten naturalistischen Sozialdramen auf die Bühne brachte und andererseits die Gedichte von Hugo von Hofmannsthal (1874–1929) und Stefan George (1868–1933) mit dem Symbolismus eine

scheinbar realitätsferne mystische und idealistische Ästhetik vermittelten.

Die für Deutschland maßgebliche, von Zola beeinflusste Maxime des Naturalismus formulierte Arno Holz (1863–1929) in der Formel »Kunst=Natur−x« (zitiert nach Kanz 2013, S. 348). Kunst bzw. Literatur sollen demnach die Natur möglichst exakt abbilden. Unter ›Natur‹ verstanden die Naturalisten aber keineswegs bloß Tiere und Pflanzen, sondern alle aufgefundenen, scheinbar natürlichen Gegebenheiten, vor allem die gesellschaftliche Wirklichkeit. Kunst soll demzufolge das Abbild gesellschaftlicher Verhältnisse sein, seien es berufliche Machtverhältnisse, seien es private Liebesbeziehungen. Mit dem »x« in Holz' Formel war die subjektive Wahrnehmung und künstlerische Gestaltung des Schreibenden gemeint. Der Einfluss von »x« sollte jedoch möglichst gering gehalten werden, da das Ziel darin bestand, die Wirklichkeit exakt wiederzugeben.

Um dieses Programm in Literatur umzusetzen, orientierten die Autoren sich oft an historischen Ereignissen und recherchierten intensiv die Hintergründe ihrer Werke; so rezipierte etwa Hauptmann für sein Drama *Die Weber* Berichte und Studien über das Leben der Weber in den 1840er Jahren, reiste zu den Orten, die in der Handlung später eine Rolle spielen sollten, und suchte das Gespräch mit Augenzeugen.

Dementsprechend imitierte er in diesem wie in vielen anderen Werken auch die Mundart bzw. den Dialekt seiner Gesprächspartner, um ein möglichst hohes Maß an Wirklichkeitstreue zu erreichen. Programmgemäß wurde die Aufnahme von Dialekt und Umgangssprache ergänzt durch einen möglichst neutralen, ›wissenschaftlich‹ orientierten Schreibstil.

Ein typisches Beispiel dafür war der »Sekundenstil« (Adalbert von Hanstein, 1900), der die Erzählzeit und die erzählte Zeit des Textes zur Deckung brachte. Das erzählte Geschehen sollte sekundengenau wiedergegeben werden, als ob es auf einem Tonband aufgenommen worden wäre. Für den Dialog bedeutete das, dass Stottern, Stammeln, Wiederholungen, abgebrochene Sätze usw. festgehalten wurden. Um die Wirklichkeit in ihrer Vielschichtigkeit abzubilden, sollten in verschiedenen Dialogen unterschiedliche Perspektiven zum Ausdruck gebracht werden. Die gewünschte Vielschichtigkeit war aber letztlich wiederum ein künstlerisches Konstrukt, also das von Holz erwähnte »x«.

Naturalistische Werke befassten sich meist mit existenziellen Themen wie Liebe, Tod und Armut. Ein weiteres Charakteristikum war die literarische Technik, Zusammenhang durch Leitmotive hervorzubringen, wie etwa die Eisenbahn in *Bahnwärter Thiel*.

Die Weltanschauung des Naturalismus war geprägt von den drängenden Themen und Konflikten der Zeit (z. B. Industrialisierung, Verstädterung, Verarmung → Industrialisierung und Urbanisierung). Elendsviertel und verarmte Arbeiter wurden zu einem zentralen Gegenstand naturalistischen Schreibens, im Gegensatz etwa zum Realismus Theodor Fontanes, dessen Romane vor allem um die gesellschaftlichen Zwänge kreisen, von denen die höheren Stände geprägt waren. So wurde die Abbildung sozialer Not zum Hauptmerkmal des Naturalismus, verbunden mit der Weltsicht des Positivismus (→ Willensfreiheit und Determinismus).

Diese Sichtweise und die Werke des Naturalismus erfuhren Widerspruch von verschiedenen Seiten. Exemplarisch für diese

Diskussion ist sicherlich die »Naturalismusdebatte« der Partei der deutschen Arbeiterbewegung. Während viele die realistische Darstellung der Wirklichkeit und die Thematisierung sozialer Not begrüßten, beklagten sich andere über eine zu krasse Darstellung von sozialem Elend, Sexualität, Krankheit, Alkoholismus und Verbrechen.

Eine grundlegende Kritik an naturalistischen Werken äußerte später auch der stark sozialkritisch orientierte Autor Bertolt Brecht (1898–1956), der den Naturalisten vorwarf, zwar die soziale Not zum Thema zu machen, aber weder die Ursachen dieser Not zu untersuchen noch Änderungsperspektiven aufzuzeigen.

Literatur

Bark, Joachim/Steinbach, Dietrich/Wittenberg, Hildegard (Hg.): Epochen der deutschen Literatur. Stuttgart u. a.: Klett 1998

Kanz, Christine: Die literarische Moderne (1890–1920). In: Beutin, Wolfgang u. a.: Deutsche Literaturgeschichte. Von den Anfängen bis zur Gegenwart. 8. Auflage.
Stuttgart, Weimar: J. B. Metzler 2013, S. 345–389

Sprengel, Peter: Gerhart Hauptmann. Bürgerlichkeit und großer Traum. Eine Biographie. München: C. H. Beck 2012

Sprengel, Peter: Gerhart Hauptmann. Epoche – Werk – Wirkung. München: C. H. Beck 1984

Industrialisierung und Urbanisierung

Industrialisierung und Urbanisierung, der Ausbau der Industrie und die massenweise Zuwanderung in Städte, stehen in engem Zusammenhang. Während sich die Industrialisierung in Deutschland vor der Gründung des Deutschen Reiches 1871 eher schleppend entwickelt hatte, blühte die deutsche Wirtschaft in den »Gründerjahren« nach 1871 auf. Das letzte Viertel des 19. Jahrhunderts stand im Zeichen des technischen Fortschritts und eines ungehemmten Kapitalismus. Viele Fabriken entstanden. Kehrseite dieser Entwicklung waren die Verstädterung und die Verarmung großer Teile der Bevölkerung: Von den großen Arbeitgebern angezogen, übersiedelten viele

Menschen in die Städte, fanden dort aber nur Arbeit zu Hungerlöhnen und elende Wohnverhältnisse.

Eine wesentliche Bedingung für den wirtschaftlichen Fortschritt bildete der Ausbau des Eisenbahnnetzes seit den 1830er Jahren. Die Eisenbahn und ihre Verkehrsnetze revolutionierten im 19. Jahrhundert den Personen- und Güterverkehr; die Fahrzeiten verkürzten sich erheblich und ermöglichten somit eine enorme Mobilität. Die Eisenbahn erlaubte eine enge Verzahnung der industriellen Produktion an unterschiedlichen Orten, erzeugte aber zugleich auch einen großen Bedarf an Produkten der Schwerindustrie wie Stahl und Eisen, da Gleise, Tunnel und Brücken gebaut werden mussten.

Mit Industrialisierung ist zunächst die Steigerung der industriellen Produktion gemeint, d.h. es wurden zunehmend Maschinen eingesetzt und Rohstoffe (wie Eisen) verarbeitet. Eng verknüpft damit waren eine arbeitsteilige Organisationsform in zentral gelegenen Fabriken und die Ausweitung der Lohnarbeit. Die Grundlage für die industrielle Massenproduktion bildeten die (natur-)wissenschaftlichen Erkenntnisse des 19. Jahrhunderts, die Stahlerzeugung, Elektrizität und Maschinenproduktion überhaupt ermöglichten. Die steigende Industrieproduktion führte dazu, dass die Industrie, der sekundäre Sektor, bereits 1889 mehr erwirtschaftete als der primäre Sektor, die Landwirtschaft. Deutlich wird das Tempo der Industrialisierung an folgenden Zahlen: Zwischen 1880 und 1913 wuchsen die Kohleförderung um 290 Prozent und die Stahlerzeugung um 1335 Prozent; zwischen 1880 und 1907 stieg die Zahl der Betriebe mit mehr als 50 Arbeitern um das Dreifache (vgl. Ulrich 2014).

Dieser massive Anstieg der Industrieproduktion in infrastrukturell gut angebundenen Städten und die damit einhergehende Ausweitung an Arbeitsmöglichkeiten lösten einen Sog aus. So wuchs Berlin von 960000 Einwohnern im Jahre 1875 auf etwa zwei Millionen im Jahre 1910. Mit diesem Zuwachs stieg der Bedarf an Wohnraum, der in den deutschen Großstädten meist mit drei- bis sechsgeschossigen Wohnhäusern gedeckt wurde. Aufgrund der steigenden Mietpreise wohnten viele Arbeiterfamilien in Ein- oder Zweizimmerwohnungen. Diese beengte Wohnsituation führte zu physischen und psychischen Beschwerden und blieb nicht ohne Auswirkungen auf das soziale Verhalten. Gerhart Hauptmann sah im städtischen Leben fern der Natur vor allem ein Problem für die Entwicklung der Kinder: »In Berlin sind viele Tausende von Kindern, die noch niemals ein Kornfeld gesehen haben«, notierte er 1897 (zitiert nach Sprengel 1984, S. 18).

In den Städten bildete sich eine neue Form der Klassengesellschaft aus, die sich aus einem zahlenmäßig sehr kleinen Großbürgertum, dem Wirtschaftsbürgertum (Unternehmer) und Bildungsbürgertum (Akademiker) sowie dem Kleinbürgertum (Handwerker) und der Arbeiterschaft zusammensetzte. Zwischen den großen Unternehmern und dem Bildungsbürgertum bestanden zwar enorme Unterschiede im Hinblick auf Vermögen und Lebensstandard, dennoch teilten die verschiedenen Angehörigen des Bürgertums Bildungsvorstellungen und grundlegende gesellschaftliche Normen wie die hohe Bedeutung von Ehe und Besitz, ein patriarchalisches Familienmodell, die Hochschätzung militärischer Karrieren und akademischer Titel (vgl. Herbert 2014). Innerhalb der Arbeiterschaft gab es beträchtliche Gehaltsunterschiede, sei es zwischen den Arbeitern der verschiedenen Unternehmen, zwischen Frauen und Männern oder zwischen gelernten und ungelernten Arbeitern. Gemeinsam waren allen Arbeitern lange Arbeitszeiten (vor dem Ersten Weltkrieg mindestens 57 Wochenstunden), harte Arbeitsbedingungen, engste Wohnverhältnisse in den Städten und die drohende Verarmung bei Arbeitsplatzverlust; zwar bestanden seit den 1880er Jahren Sozialversicherungen, doch boten sie noch keine umfassende Absicherung (vgl. Herbert 2014).

Literatur

Herbert, Ulrich: Geschichte Deutschlands im 20. Jahrhundert. München: C. H. Beck 2014

Sprengel, Peter: Gerhart Hauptmann. Epoche – Werk – Wirkung.
München: C. H. Beck 1984

Willensfreiheit und Determinismus

Der Begriff des Determinismus ist eng mit der zeitlosen und existenziellen Frage nach der Freiheit des menschlichen Willens verbunden: Kann der Mensch frei handeln? Oder ist er durch seine Herkunft, seine ererbten Eigenschaften und seine Lebensumstände festgelegt bzw. determiniert? Der Determinismus vertritt die Position, dass das Wollen und Handeln des Menschen durch verschiedene Umstände (seine Physis, sein soziales Umfeld und seine sonstigen Lebensbedingungen) festgelegt ist.

Philosophische Richtungen, die dem Determinismus nahestehen, sind der Materialismus und der Positivismus: Beide verstehen den Menschen als Produkt seiner Lebensumstände. Der Materialismus begreift den Menschen als Produkt der Materie und ihrer Gesetzmäßigkeiten, als festgelegt durch seine körperlichen Voraussetzungen. Ein Schlüsseltext des Materialismus von Julien Offray de La Mettrie (1709–1751) trägt den Titel *Der Mensch als Maschine*. Der Positivismus lässt als gültige Erkenntnis ausschließlich ›Tatsachen‹ gelten, die durch die Erfahrung verifizierbar sind (»das Positive«). Vor diesem Hintergrund betrachtet er den Menschen nicht als freies, bewusst eigene Entscheidungen treffendes Subjekt, sondern als determiniert durch verschiedene Einflussfaktoren – als Opfer seiner Umstände, nicht als Subjekt seines Tuns. In letzter Konsequenz kann nach dieser Philosophie der Mensch nicht für seine Handlungen verantwortlich gemacht werden, aber auch wenig an seinem Leben verändern.

Die Diskussion um die Freiheit des Menschen wird bis in die Gegenwart geführt. Nach wie vor ist die Frage zentral, inwieweit der Mensch für seine Handlungen verantwortlich ist und ihn damit die Schuld an deren Folgen trifft, eine Frage mit weitgehenden moralischen und rechtlichen Implikationen: Wenn der Einzelne frei und bewusst entscheiden kann, so muss er auch die Konsequenzen, etwa die strafrechtlichen Folgen eines Verbrechens, in vollem Ausmaß tragen; ist er jedoch durch seine psychischen oder sozialen Umstände determiniert, kann er möglicherweise nicht die volle Verantwortung für seine Taten übernehmen.

Der Philosoph Ernst Tugendhat bringt in diesem Zusammenhang die Frage nach Entscheidungsspielräumen ins Gespräch. Dafür, dass eine Freiheit des Willens vorliegt, sind zwei Bedingungen entscheidend: erstens die Möglichkeit des Abwägens, Wählens und Überlegens, zweitens der Aspekt des Zukunftsbezugs bzw. Zeitbewusstseins. Der Einzelne kann laut Tugendhat meist zwischen verschiedenen Optionen wählen und somit in einem gewissen Rahmen frei entscheiden. Diese Wahl ist aber nur möglich, wenn das gewünschte Ziel in der Zukunft liegt. Entscheidend für die Frage nach der Verantwortung des Menschen ist, ob er von seinen inneren Voraussetzungen her die Möglichkeit hat, Optionen begründet gegeneinander abzuwägen, und ob er in der gegebenen Situation anders hätte handeln können (vgl. Tugendhat: *Willensfreiheit und Determinismus*).

Literatur

Metzler Philosophielexikon. Begriffe und Definitionen. Hg. von Peter Prechtl und Franz-Peter Burkard. Stuttgart, Weimar: J. B. Metzler 1996, Art. Determination/Determinismus/Indeterminismus (S. 96 f.); Art. Materialismus (S. 313); Art. Positivismus (S. 406 f.)

Tugendhat, Ernst: Anthropologie statt Metaphysik. München: C. H. Beck 2007, S. 57–84

Tugendhat, Ernst: Willensfreiheit und Determinismus. URL: http://www.information-philosophie.de/?a=1&t=242&n=2&y=1&c=1 [zuletzt abgerufen am 20.10.2016]

»Wahnsinn« und Schizophrenie

Unter »Wahnsinn« wurden bis Ende des 19. Jahrhunderts zahlreiche Verhaltensmuster und Vorstellungen verstanden, die nicht der geltenden gesellschaftlichen Norm entsprachen; umgangssprachlich findet sich diese Bedeutung bis heute. Was als »wahnsinnig« oder als »normal« angesehen wird, ist immer abhängig von den herrschenden gesellschaftlichen und kulturellen Bedingungen und somit relativ.

Es gibt jedoch Symptome, die in vielen Kulturen als psychische Störung aufgefasst werden: Wesentliche Kennzeichen sind unvorhersagbares Handeln und fehlende Kommunikation mit anderen. Isolation gilt als wesentliche Ursache von Psychosen, psychischen Störungen mit zeitweiligem Realitätsverlust (vgl. Zimbardo 1995).

Eine der bekanntesten und häufigsten Psychosen ist die Schizophrenie. Diese psychische Erkrankung kann genetische und biologische Ursachen haben, aber auch durch psychische Belastungen (wie z. B. den Tod eines nahen Angehörigen) ausgelöst werden. Zeigen sich im Alltag zunächst nur kleine Veränderungen wie Nervosität, Konzentrationsschwäche und Neigung zum Grübeln, so entwickeln Schizophrene in der akuten Phase der Krankheit Symptome wie Halluzinationen (etwa das Hören von Stimmen, die andere nicht hören) und Verfolgungswahn.

Literatur

Bundespsychotherapeutenkammer: »Schizophrenie«.
URL: http://www.bptk.de/patienten/psychische-krankheiten/ [zuletzt abgerufen am 20.10.2016]

Longolius, Felix: »Ich mag mich irren«. Wie ein Schizophrener die Welt sieht. In: Die Welt, 14.2.2016
URL: http://www.welt.de/print/wams/article152209330/Ich-mag-mich-irren.html [zuletzt abgerufen am 20.10.2016]

Zimbardo, Philip G.: Psychologie. Dt. Bearbeitung von Siegfried Hoppe-Graff. 6., neu bearbeitete und erweiterte Auflage.
Berlin, Heidelberg: Springer 1995

Materialien

Gerhart Hauptmann: *Das Abenteuer meiner Jugend.*
***In Erkner* (1937)**
(Auszug)

Diesem Wechsel des Wohnorts verdanke ich es nicht nur, dass ich mein Wesen bis zu seinen reifen Geistesleistungen entwickeln konnte, sondern dass ich überhaupt noch am Leben bin. Nicht nur meine ersten Geisteskinder, sondern auch drei von meinen vier Söhnen sind in Erkner geboren. Es lohnt vielleicht, die Hieroglyphe des neuen Lebensabschnitts zu prägen, der dort begann und, von einer glänzenden Episode durchbrochen, vollendet wurde: unter Hoffen und Ängsten, Gefahren, Kämpfen, Niederlagen und Siegen. Alles natürlich nur im eigensten Kreis.
Unser Leben war schön. Natur und Boden wirkten fruchtbar belebend auf uns. Wir waren entlegene Kolonisten.
Die märkische Erde nahm uns an, der märkische Kiefernforst nahm uns auf. Kanäle, schwarz und ohne Bewegung, laufen durch ihn hin, morastige Seen und große verlassene Tümpel unterbrechen ihn, mit Schlangenhäuten und Schlangen an ihren Ufern.
Es war im Herbst, als wir unsere abgelegene Villa bezogen und einrichteten.
Die Monotonie des Winters stand vor der Tür. Zu unserer Sicherheit hatte ich in einer Hamburger Menagerie zwei

echte lappische Schlittenhunde gekauft, für unsere Begriffe wilde Geschöpfe, die einigermaßen im Zaum zu halten mir viel Mühe gekostet hat. Schlaf- und Wohnräume lagen im Parterre; der Schutz dieser beiden Wölfe wurde notwendig. So war ich instinktgemäß zur Natur zurückgekehrt. Mary liebte wie ich das Landleben. Einsamkeiten und Verlassenheiten schreckten uns nicht. Das neue Dasein stand zu dem, das ich in Dresden, Rom und Hamburg geführt hatte, im geraden Gegensatz. Ich lebte ohne Aktivität. Der dreifache Kampf in Rom: mit dem nassen Ton, mit den Menschen und mit den Typhusbazillen, war nicht mehr.
Dafür rang ich mit dem Gespenst des Bluthustens. Es verfolgte mich überall. Stundenlange einsame Wege führten mich in Begleitung meiner Hunde durch den Kiefernhorst: mein Leben, meine Lage, meine fernere Möglichkeit zu überdenken die beste Gelegenheit! Oft mitten im Forst richtete sich das grauenvolle Gespenst vor mir auf. Zitternd nahm ich da etwa auf einem Baumstumpf Platz, einen Blutsturz und mein vermeintliches Ende erwartend.
Es war ein ungeheurer Ernst, dem man sich bei dieser Lebensform, in dieser Landschaft gegenübersah. Das Ehemysterium, in dem sich das der Geburt ankündigte, verstärkte ihn. So bewegten sich meine durch kein äußeres Leben gestörten Meditationen von der Gegenwart in die Vergangenheit, von der Gegenwart in die Zukunft hinaus,

gleichsam in einer Ellipse um die zwei Punkte: Geburt und Tod.

<small>Hauptmann, Gerhart: Sämtliche Werke. Hg. von Hans-Egon Hass. Bd. VII. Berlin: Propyläen 1962, S. 1027 f.</small>

Gerhart Hauptmann: *Das Abenteuer meiner Jugend. Rückkehr nach Erkner* (1937) (Auszug)

Im großen Ganzen blieb aber dieser Hamburger Aufenthalt wohl das Äußerste an Freudlosigkeit, wenn nicht Trostlosigkeit. Ob ich mit dem Leben davongekommen wäre, weiß ich nicht, der kleine Ivo sicherlich nicht, wenn der Arzt uns nicht Knall und Fall aus Hamburg verwiesen und nach Erkner geschickt hätte. Wir flüchteten also nach Erkner zurück.

Wirklich, wie durch ein Wunder behielt der Säugling in Erkner die erste Flasche Milch, die ihm gereicht wurde. Ja, er war von Stund an gesund.

In Erkner nahm ich mein altes Leben mit Wanderungen und Beobachtungen aller Art wieder auf. Ich machte mich mit den kleinen Leuten bekannt, Förstern, Fischern, Kätnerfamilien und Bahnwärtern, betrachtete eine Waschfrau, ein Spitalmütterchen eingehend und mit der gleichen Liebe, als wenn sie eine Trägerin von Szepter und Krone gewesen wäre. Ich unterhielt mich mit den Arbeitern einer nahen chemischen Fabrik über ihre Leiden, Freuden und Hoffnungen und fand hier, in nächster Nähe Berlins, besonders auf den einsamen Dörfern, ein Menschenwesen, das sich seit einem halben Jahrtausend und länger unverändert erhalten hatte. Dass es ein geeinigtes Deutschland gab, wussten sie nicht. Davon, dass ein Königreich Sachsen, ein Königreich Bayern, ein Königreich Württemberg bestand, hatten sie nie gehört. Es gab einen Kaiser in Berlin: Viele wussten noch nichts davon.

Ich hatte Anwandlungen und Anfechtungen einer patriarchalischen Humanität. Ich quälte Mary, wir sollten das Hausmädchen an unserem Tische essen lassen. Als Mary endlich zustimmte, lehnte das Mädchen ab. So wurde es wenigstens veranlasst, ihr Mittagessen nicht nach, sondern vor uns einzunehmen.

Solche Marotten mussten sich herumsprechen. Dazu hielt ich die Wochenschrift »Die Neue Zeit«, die den wissenschaftlichen Sozialismus vertrat.

Noch herrschte das Sozialistengesetz. Es war selbstverständlich, dass ich mit alledem den Ortsbehörden verdächtig wurde.

Meinen Roman hatte ich liegen lassen, er verwirrte sich und mich. Ich kam nicht zu Rande damit. Dagegen machte ich mich an kleinere Arbeiten.

Man hörte im Winter das Krachen im Eise der Seen weit über Land und das so genannte Seegebrüll, das Tönen des Wassers unter dem Eise, »wie Tubaruf nach verlorener Schlacht. Es klang wie dumpfer Titanenzorn, wie Rolandsruf aus geborstenem Horn«. Und die Seen verlangten alljährlich Opfer. Da schilderte ich in einer kleinen Novelle, wie der Segelmacher Kielblock mit seiner Frau und seinem Kinde in einer Mondnacht einbrach und unterging.

Mein literarischer Ehrgeiz war nun brennend geworden. Er stachelte mich zu immer neuen Versuchen an. Ich hatte dem Deutschen Theater mein Drama »Tiberius« eingereicht und mit Dank und freundlichen Worten zurückerhalten. Das aber konnte mich nicht im Geringsten entmutigen. Mein literarischer Eifer wurde nur noch heftiger angespornt. Während mein zweiter Sohn geboren wurde, schrieb ich an einer Novelle »Bahnwärter Thiel«, die ich im späteren Frühjahr beendete. Sie wurde von Michael Georg Conrad in München erworben und in seiner Zeitschrift abgedruckt.

<small>Hauptmann, Gerhart: Sämtliche Werke. Hg. von Hans-Egon Hass. Bd. VII. Berlin: Propyläen 1962, S. 1043 f.</small>

Gerhart Hauptmann: *Im Nachtzug* (1887)

Es poltert der Zug durch die Mondscheinnacht,
die Räder dröhnen und rasen.
Still sitz' ich im Polster und halte die Wacht
unter sieben schnarchenden Nasen.
Die Lampe flackert und zittert und zuckt,
und der Wagen rasselt und rüttelt und ruckt,
und weit, wie ins Reich der Gespenster,
weit blick' ich hinaus in das dämmrige Licht,
und schemenhaft schau' ich mein blasses Gesicht
im lampenbeschienenen Fenster.

Da rast es nun hin mit dem brausenden Zug
an Wiesen und Wäldern vorüber,
über Mauern, Stakete und Bäume im Flug,
und trüber blickt es und trüber.
Und jetzo, wahrhaftig, ich täusche mich nicht,
jetzt rollen über mein Schattengesicht
zwei schwere und leuchtende Tränen.
Und tief in der Brust mir klingt es und singt's,
und fiebernd das Herz und die Pulse durchdringt's,
ein wildes, ein brennendes Sehnen.

Ein Sehnen hinaus in das Mondscheinreich,
das fliegend die Drähte durchschneiden.
Sie tauchen hernieder und steigen zugleich,
vom Zauber der Nacht mich zu scheiden.
Doch ich blicke hinaus, und das Herz wird mir weit,
und ich lulle mich ein in die selige Zeit,
wo nächtlich tanzte am Weiher
auf Mondlichtstrahlen die Elfenmaid,
dazu ihr von minniger Wonne und Leid
der Elfe spielte die Leier.

Der Elfe, er spielte die Leier so schön,
die Gräslein mussten ihm lauschen,
der Mühlbach im Sturze vernahm's und blieb stehn,
vergessend sein eigenes Rauschen.
5 Maiblume und Rotklee weineten Tau,
und wonnige Schauer durchbebten die Au,
und Sänger lauschten im Haine.
Sie lauschten und lernten vom Elfen gar viel
und stimmten ihr duftendes Saitenspiel
10 so zaubrisch und rein wie das seine.

Vorüber, vorüber im sausenden Takt!
Kein Zauber nimmt dich gefangen,
der du schwindelhoch über den Katarakt
und tief durch die Berge gegangen.
15 Du rasender Pulsschlag der fiebernden Welt,
du Dämon, der in den Armen mich hält
und trägt zu entlegener Ferne!
Ich bliebe so gerne im Mondenschein
und lauschte so gerne verschwiegen allein
20 der Zwiesprach' seliger Sterne!

Rauchwolken verhüllen das dämmernde Bild
und schlingen weißwogende Reigen.
Doch unter mir stampft es und schmettert es wild,
und unter mir will es nicht schweigen.
25 Es klingt wie ein Ächzen, es rieselt wie Schweiß,
als schleppten Zyklopen hin über das Gleis
den Zug auf ehernen Armen.
Und wie ich noch lausche, beklommen und bang,
da wird aus dem Chaos ein Donnergesang,
30 zum Grauen zugleich und Erbarmen.

»Wir tragen euch hin durch die duftende Nacht,
mit keuchenden Kehlen und Brüsten.
Wir haben euch güldene Häuser gemacht,
indessen wie Geier wir nisten.
Wir schaffen euch Kleider. Wir backen euch Brot.
Ihr schafft uns den grinsenden, winselnden Tod.
Wir wollen die Ketten zerbrechen.
Uns dürstet, uns dürstet nach eurem Gut!
Uns dürstet, uns dürstet nach eurem Blut!
Wir wollen uns rächen, uns rächen!

Wohl sind wir ein raues, blutdürstend Geschlecht,
mit schwieligen Händen und Herzen.
Doch gebt uns zum Leben, zum Streben ein Recht
und nehmt uns die Last unsrer Schmerzen!
Ja, könnten wir atmen, im keuchenden Lauf,
nur einmal erquickend, tief innerlich auf,
so, weil du den Elfen bewundert,
so sängen wir dir mit Donnergetön
das Lied, so finster und doch so schön,
das Lied von unserm Jahrhundert!

Willst lernen, Poetlein, das heilige Lied,
so lausche dem Rasseln der Schienen,
so meide das schläfrige, tändelnde Ried
und folge dem Gang der Maschinen;
beachte den Funken im singenden Draht,
des Schiffes schwindelnden Wolkenpfad,
und weiter, o beuge dich nieder
zum Herzen der Armen, mitleidig und mild,
und was es dir zitternd und weinend enthüllt,
ersteh' es in Tönen dir wieder!«

Es poltert der Zug durch die Mondscheinnacht,
die Räder dröhnen und rasen.
Still sitz' ich im Polster und halte die Wacht

unter sieben schnarchenden Nasen.
Die Lampe flackert und zittert und zuckt,
und der Wagen rasselt und rüttelt und ruckt,
und tief aus dem Chaos der Töne,
5 da quillt es, da drängt es, da perlt es empor
wie Hymnengesänge, bezaubernd mein Ohr,
in erdenverklärender Schöne.

Und leise aufschwillt es, und ebbend verhallt's
im schmetternden Eisengeklirre.
10 Und wieder erwacht es, und himmelauf wallt's
hervor aus dem Tönegewirre.
Und immer von Neuem versinkt es und steigt.
Und endlich verweht's im Tumulte und schweigt
und lässt mir ein heißes Begehren,
15 das sinneberückende Zaubergetön
von himmlischen Lenzen auf irdischen Höhn
zu Ende, zu Ende zu hören.

Gerhart Hauptmann. Sämtliche Werke. Hg. von Hans-Egon Hass. Bd. IV.
Berlin: Propyläen 1964, S. 54–56

Die Gesellschaft: Zur Einführung (1885)

Die Gesellschaft war eine naturalistisch orientierte Zeitschrift, die 1885 erstmals erschien und zunächst das hier abgedruckte Programm veröffentlichte. 1888 erschien dort Hauptmanns Novelle *Bahnwärter Thiel*.

25 Unsere »Gesellschaft« bezweckt zunächst die Emanzipation der periodischen schöngeistigen Literatur und Kritik von der Tyrannei der »höheren Töchter« und der »alten Weiber beiderlei Geschlechts«; sie will mit jener geist- und freiheit-mörderischen Verwechslung von Familie und Kin-
30 derstube aufräumen, wie solche durch den journalistischen Industrialismus, der nur auf Abonnentenfang aus-

geht, zum größten Schaden unserer nationalen Literatur und Kunst bei uns landläufig geworden.

Wir wollen die von der spekulativen Rücksichtsnehmerei auf den schöngeistigen Dusel, auf die gefühlvollen Lieblingstorheiten und moralischen Vorurteile der sogenannten »Familie« (im weibischen Sinne) arg gefährdete Mannhaftigkeit und Tapferkeit im Erkennen, Dichten und Kritisieren wieder zu Ehren bringen.

Fort, ruft unsere »Gesellschaft«, mit der geheiligten Backfisch-Literatur, mit der angestaunten phrasenseligen Altweiber-Kritik, mit der verehrten kastrierten Sozialwissenschaft! Wir brauchen ein Organ des ganzen, freien, humanen Gedankens, des unbeirrten Wahrheitssinnes, der resolut realistischen Weltauffassung!

Was für herzbrechend zahmes und lahmes Zeug lässt sich heute die Nation der Denker und Dichter als idealistische Weisheitsblüte auf den Familientisch legen! Was für breite Bettelsuppen lässt sie sich von den vielgepriesenen Familienblätter-Köchen anrichten! Das literarische und künstlerische Küchenpersonal hat es allerdings bis zur höchsten Meisterschaft gebracht in der Sparkunst und Nachahmung des berühmten Kartoffelgastmahls, worüber schon Jean Paul so weidlich spottete. Da kommen nämlich zwölf Gänge, jeder die Kartoffel in anderer Zurichtung bietend, und am Schluss werden, den elend getäuschten Magen wieder aufzurichten, Konfekt und Schnäpse aufgewartet, die ebenfalls aus Kartoffeln hergestellt sind. Wir werden später nicht ermangeln, Einzelfälle dieser Familienblätterkocherei gründlich zu zergliedern und rücksichtslos die gemeingefährlichen Praktiken zu schildern.

Unsere »Gesellschaft« wird keine Anstrengung scheuen, der herrschenden jammervollen Verflachung und Verwässerung des literarischen, künstlerischen und sozialen Geistes starke, mannhafte Leistungen entgegenzusetzen, um die entsittlichende Verlogenheit, die romantische Flunkerei und entnervende Phantasterei durch das positive Ge-

genteil wirksam zu bekämpfen. Wir künden Fehde dem Verlegenheitsidealismus des Philistertums, der Moralitäts-Notlüge der alten Parteien- und Cliquenwirtschaft auf allen Gebieten des modernen Lebens.

Unsere »Gesellschaft« wird sich bestreben, jene echte, natürliche, deutsche Vornehmheit zu pflegen, welche in der Reinlichkeit des Denkens, in der Kraft des Empfindens und in der Lauterkeit und Offenheit der Sprache wurzelt, dagegen jene heute so gepriesene falsche Vornehmheit bekämpfen, welche aus den einschläfernd und verdummend wirkenden Denk- und Gefühlsweisen der höheren Kinderstuben, der pedantischen Bildungsschwätzer und der polizeifrommen Gesinnungsheuchler herausgezüchtet worden ist.

Dabei werden wir von Zeit zu Zeit unter Mithilfe berufener Fachmänner unsere kritische Leuchte auf die beliebte Instituts- und Pensions-Erziehung selbst richten und in Studien nach der Natur jene Lebenskreise beschreiben, welche alle gute Sitte, Weisheit und Schönheit unseres Volkstums in Erbpacht genommen zu haben wähnen. Die Kulturlügner mögen sich auf interessante Entschleierungen gefasst machen. Wir werden den Schwindel stets beim rechten Namen nennen und der überlieferten Dummheit den Spruch des ehrlichen heißblütigen Denkers ins Gesicht sagen. Gerhard von Amyntor hat freilich Recht: »Es ist weit leichter, dem gebildeten Pöbel zehn Lügen aufzubinden, als ihm einen einzigen seiner liebgewordenen Irrtümer als solchen zu entlarven.« Aber die Schwierigkeit einer Sache wird uns nur reizen, sie desto kühner anzugreifen, desto energischer festzuhalten.

Unsere »Gesellschaft« wird sich zu einer Pflegestätte jener wahrhaften Geistesaristokratie entwickeln, welche berufen ist, in der Literatur, Kunst und öffentlichen Lebensgestaltung die oberste Führung zu übernehmen, wenn es den Völkern deutscher Zunge gelingen soll, als Vorarbeiter und Muster menschlicher Kultur sich in Geltung zu erhalten.

Gerhard von Amyntor: Pseudonym für Dagobert von Gerhardt (1831–1910), preußischer Offizier und Schriftsteller

Darum laden wir alle geistesverwandten Männer und Frauen ein, sich mit uns tatkräftig zu vereinen, damit wir in gemeinsamer, froher, flotter Arbeit unser hochgestecktes Ziel erreichen. Denn nicht zum verschlaffenden kritischen Geplauder, nicht zum schöngeistigen Müßiggang wollen wir verleiten. Alles Wissen, bei dem die Schaffenslust erlahmt, alle Belehrung, die nicht zugleich Belebung und treibende Willenssteigerung bedeutet, alle Gelehrsamkeit, die sich nicht in den Dienst des gesunden schöpferischen Lebens stellen will, hat unsere Anerkennung verloren.

Aller Anfang ist schwer. Doch werden wir, Dank einer stattlichen Zahl auserlesener, opferwilliger Mitstrebender schon in den ersten Nummern unseres Organs hervorragende Arbeiten aus dem Gebiete der realistischen Novelle, des Feuilletons, des wissenschaftlichen Essays und der Kritik zu bieten im Stande sein. Eine ganz besondere Aufmerksamkeit werden wir dem schöpferischen Kulturleben der deutschen Völkerstämme des Südens widmen und die Leistungen der süddeutschen Kunst-, Theater- und Literaturzentren München, Wien, Frankfurt usw. in den Vordergrund unserer kritischen Betrachtungen stellen. [...]

Außerdem werden wir kurze, pikante *novellistische Skizzen* aus der Feder der hervorragendsten deutschen, französischen, italienischen und russischen Realisten veröffentlichen. [...]

[Conrad, Michael Georg:] Zur Einführung. In: Die Gesellschaft. Hg. von M. G. Conrad. 1. Jg. (1885), S. 1–3

Arno Holz / Johannes Schlaf: *Papa Hamlet* (1889) (Auszug)

In ihrer Erzählung *Papa Hamlet* schildern die Autoren das Schicksal eines erfolglosen, verarmten Schauspielers, der mit seiner kranken Frau und seinem dreijährigen Sohn Fortinbras in einer heruntergekommenen Dachkammer wohnt, die aber nun gekündigt ist. Die Erzählung gilt als Musterbeispiel des »Sekundenstils«.

Er war jetzt zu ihr unter die Decke gekrochen, die Unterhosen hatte er anbehalten.
»Nicht mal Platz genug zum Schlafen hat man!«
Er reckte und dehnte sich.
»So'n Hundeleben! Nicht mal schlafen kann man!«
Er hatte sich wieder auf die andre Seite gewälzt. Die Decke von ihrer Schulter hatte er mit sich gedreht, sie lag jetzt fast bloß da...
.....
Das Nachtlämpchen auf dem Tisch hatte jetzt zu zittern aufgehört.
Die beschlagene, blaue Karaffe davor war von unzähligen Lichtpünktchen wie übersät. Eine Seite aus dem Buch hatte sich schräg gegen das Glas aufgeblättert. Mitten auf dem vergilbten Papier hob sich deutlich die fette Schrift ab: »Ein Sommernachtstraum«. Hinten auf die Wand, übers Sofa weg, warf die kleine, glitzernde Fotografie ihren schwarzen, rechteckigen Schatten.
Der kleine Fortinbras röchelte, nebenan hatte es wieder zu schnarchen angefangen.
»So'n Leben! So'n Leben!«
Er hatte sich wieder zu ihr gedreht. Seine Stimme klang jetzt weich, weinerlich.
»Du sagst ja gar nichts!«
Sie schluchzte nur wieder.
»Ach Gott, ja! So'n ... Ae!! ...«

Er hatte sich jetzt noch mehr auf die Kante zu gerückt.
»Is ja noch Platz da! Was drückste dich denn so an die Wand! Hast du ja gar nicht nötig!«
Sie schüttelte sich. Ein fader Schnapsgeruch hatte sich allmählich über das ganze Bett hin verbreitet.
»So ein Leben! Man hat's wirklich weit gebracht! ... Nu sich noch von so'ner alten Hexe rausschmeißen lassen! Reizend!! Na, was macht man nu? Liegt man morgen auf der Straße! ... Nu sag doch?«
Sie hatte sich jetzt noch fester gegen die Wand gedrückt. Ihr Schluchzen hatte aufgehört, sie drehte ihm den Rücken zu.
»Ich weiß ja! Du bist ja am Ende auch nicht schuld dran! Nu sag doch!«
Er war jetzt wieder auf sie zugerückt.
»Nu sag doch! ... Man kann doch nicht so – verhungern?!«
Er lag jetzt dicht hinter ihr.
»Ich kann ja auch nicht dafür! ... Ich bin ja gar nicht so! Is auch wahr! Man wird ganz zum Vieh bei solchem Leben! ... Du schläfst doch nicht schon?«
Sie hustete.
»Ach Gott, ja! Und nu bist du auch noch so krank! Und das Kind! Dies viele Nähen ... Aber du schonst dich ja auch gar nicht ... ich sag's ja!«
Sie hatte wieder zu schluchzen angefangen.
»Du – hättest – doch lieber, – Niels ...«
»Ja ... ja! Ich seh's ja jetzt ein! Ich hätt's annehmen sollen! Ich hätt' ja später immer noch ... ich seh's ja ein! Es war unüberlegt! Ich hätte zugreifen sollen! Aber – nu sag doch!!«
»Hast du ihn – denn nicht ... denn nicht – wenigstens zu – Haus getroffen?«
»Ach Gott, ja, aber ... aber, du weißt ja! Er hat ja auch nichts! Was macht man nu bloß? Man kann sich doch nicht das Leben nehmen?!«
Er hatte jetzt ebenfalls zu weinen angefangen.
»Ach Gott! Ach Gott!!«

Sein Gesicht lag jetzt mitten auf ihrer Brust. Sie zuckte!
»Ach Gott! Ach Gott!!«
Der dunkle Rand des Glases oben quer über der Decke hatte wieder unruhig zu zittern begonnen, die Schatten, die das Geschirr warf, schwankten, dazwischen glitzerten die Wasserstreifen..
....

> Holz, Arno/Schlaf, Johannes: Papa Hamlet. Ein Tod. Stuttgart: Reclam 1963, S. 59–61

Die neue Zeit: Rezension zu *Bahnwärter Thiel* (1893) (Auszug)

Die moralische Impotenz Thiels, zu der der schließliche Paroxysmus wiederum in natürlichem Zusammenhange steht, ist der Kernpunkt der Erzählung. Sie ist durchaus wahr geschildert – Fälle, wo sich in einem herkulischen Körper eine zaghafte, jeder energischen Einwirkung gegenüber fast widerstandsunfähige Seele befindet, gehören durchaus nicht zu den Seltenheiten. In dieser Hinsicht ist an Hauptmanns Charakteristik nichts auszusetzen. Und ebenso wenig an seiner Darstellung. Sie ist einfach und doch höchst wirkungsvoll. Hauptmann versteht es, mit wenigen Worten viel zu sagen, und genau in dem Maße, wie die sinnliche Entwicklung sich in Thiel vollzieht, wird die Schilderung Hauptmanns mehr ins Einzelne gehend, impressionistischer.

Nur ein Bedauern können wir bei dieser Gelegenheit nicht unterdrücken. »Bahnwärter Thiel« ist wirkungsvoll, wiederholen wir, höchst wirkungsvoll, aber – die Wirkung, die er erzielt, ist eine ungemein niederdrückende. Dasselbe vom »Apostel« zu sagen, wäre übertrieben, indes auch er hat nichts Erhebendes. Der Rausch ist so wenig ein gesunder Zustand der Seele wie die geistige Erschlaffung, hier wie dort haben wir es vielmehr mit einer Schilderung seelischer Erkrankung zu tun. Hauptmann hätte seine Skizzen

»Apostel«: *Der Apostel*, Novelle von Gerhart Hauptmann (1890)

auch psychopathische Studien nennen können, psychopathische Studien in novellistischer Form. Nun steht es dem Dichter gewiss frei, seinen Stoff nach seinem Belieben zu wählen, soweit derselbe nur das Interesse zu erwecken, unser Herz zu bewegen vermag. Und dass dazu die menschliche Seele in ihren verschiedenartigen Manifestationen, je nachdem also auch in ihren Krankheitszuständen, in hohem Grade gehört, wird niemand bestreiten wollen. Dennoch – wie kommt es, dass ein Dichter von der Begabung Hauptmanns mit so großer Vorliebe immer und immer wieder sich auf die Schilderung kranker Seelen und seelischer Erkrankungen verlegt, mit Vorliebe Schwächlinge oder dem Wahnsinn nahe, in dem Wahnsinn naher Verfassung sich befindende Persönlichkeiten schildert? Bietet unser Zeitalter wirklich nichts, was der Aufgabe eines Dichters würdiger wäre – zumal eines Dichters, der in dem größten Kampf der Epoche auf der Seite der Kämpfer für eine neue Gesellschaft steht? Dieser große Kampf, der täglich sich hoffnungsvoller gestaltet, und dieser pessimistische Zug – in welch krassem Gegensatz stehen sie zueinander. Wenn die »modernen« Dichter der alten Gesellschaft Pessimisten sind und sich in der Grübelei über die Schwächen der menschlichen Seele gefallen, so ist das wohl begreiflich und der Situation ihrer Klasse angemessen. Aber ein Dichter der neuen Zeit – und wir möchten Hauptmann gern einen solchen nennen – sollte mit anderen Augen sehen als sie. Er braucht die individuellen Schwächen nicht zu ignorieren, gewiss nicht, aber sie sollten ihn nicht so in Anspruch nehmen, dass er über sie das Gesunde, das unsere Zeit bietet, zu vergessen scheint. Der Dichter ist mehr als ein bloßer Kliniker.

> E. B. [= Bernstein, Eduard]: Zwei Novellen von Gerhart Hauptmann.
> In: Die neue Zeit. Revue des geistigen und öffentlichen Lebens. 11. Jg.
> (1892/93), Bd. 1 (1893), Heft 4, S. 107–112, hier S. 111 f.
> Online-Edition der Bibliothek der Friedrich-Ebert-Stiftung,
> URL: http://library.fes.de/cgi-bin/neuzeit.pl?id=07.01229&dok=1892-
> 93a&f=189293a_0107&l=189293a_0112
> [zuletzt abgerufen am 20.10.2016]